그동안 아무도 알려 주지 않았다!

특종

사주 명리학 통변술

설진관 추명가 해설
推命歌

원 저 : 설 진 관

해 설 : 박 상 호

이 지 선

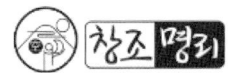

들어가는 말

편저자 박상호 (의학박사)
前 부산대 정형외과 전임강사
前 한양대 의과대학 외래교수
前 도원정형외과 원장
現 진관역학회 회장

올해는 기해년으로 벌써 입춘을 넘기면서 이 글을 적어 봅니다. 2018년 12월 동지를 넘기면서 정기적인 검사로 발견된 병으로 수술을 받게 되어 모든 것을 포기하는 지경에 이르렀으나 그 병의 결과가 오진이 됨으로 나의 생각 전환이 일어나 30년을 넘게 종사한 의사의 길을 휴직하게 되었고 이 글도 어느 한순간에는 포기하였는데 다행히도 인사말을 적어 소개하게 됨을 무한한 기쁨으로 생각합니다.

설진관 선생님을 만나 오늘에 이르기까지 오로지 사주를 배우겠다는 일념으로 보낸 것이 십 년이 훨씬 넘었고 그동안 도반님들과 공부하면서 인연이 안 된 분들과는 헤어지거나 건강상으로 공부를 그만두신 분들이 많으시며 그 분들 중에는 상당한 수준의 도반도 있었지만 그냥 변하지 않고 공부에만 전념했던 제가 설진관 선생님의 배려로 이렇게 책을 서술하는 영광을 맞이하게 되었습니다.

설진관 선생님께서 강의하신 내용을 적어서 정리하는 것이 평소 생각이었으나 그저 생각으로 그치고 말았으며 윤경선, 김초희, 김재근, 조소민 선생님들께서 야학신결을 출간함으로써 진관회원님들에게 신선한 바람을

불어넣어 주었으며 이번 추명가를 만들어 스승님에 대한 도리를 다하고자 이지선 선생님과 함께 글을 적게 되었습니다.

 사람은 기억과 이해를 하면서 지식을 습득하고 행동을 하게 됩니다. 그 기억과 이해를 하는 데 있어서 사람이 한 번 보고 기억할 수 있는 것은 한계가 있으며, 1978년 젤만과 갤리스텔은 한 번 보고 즉각적으로 기억할 수 있는 인식 능력의 한계를 대개 4가지까지 보았습니다. 그래서 전화번호나 자동차 번호는 4가지까지이고 기억하면 안 되는 경우는 그 이상으로 정하게 됩니다. 그래서 추명가도 4가지 글을 이용하여 사주 보는 방법을 쉽게 하기 위해 만들어졌으며 사언절구가라고도 하며 이석영 선생님의 추명가가 널리 알려져 있습니다. 이에 우리 진관역학회에서 설진관 선생님의 그동안 경험을 통한 추명가 책을 소개하게 되었습니다.

 이 책을 통해 읽어 보시는 분들이 사주를 쉽게 접근했으면 하는 바람으로 만들게 되었습니다. 아무쪼록 많은 도움이 되어 사주 공부의 발전이 있기를 바랍니다.

 다시 한 번 설진관 선생님께 진심으로 감사를 드리면서 이지선 선생님과 더불어 진관역학회원과 기쁨을 함께하고 싶고 공부를 하게 해 준 아내에게 바치고 싶습니다.

감사합니다.

己亥年
부산에서
박 상 호 근 서

해설서를 출간하면서

편저자 이지선
1974년 부산 출생
중국어 전공, 동양오술 및 점성학 연구가
現 진관역학회 연구위원

 推命歌라 함은 命을 추리하여 짧고도 함축적인 글로 응집 시켜 놓은 노래조를 일컫는 말입니다. 推命歌는 눈과 머리로 일부러 외우기보다 노래 가사처럼 입으로 자연스레 나오게끔 하는 좋은 공부 방법이라 생각합니다.
 설진관 선생님의 강의를 모아 엮은 책 野學神訣의 부록이 이번 推命歌 158選의 기틀이 됩니다. 기존의 100選에서 58개를 더하여 내용을 보다 알차게 구성하였습니다. 옛부터 전해 오는 육신, 신살, 12운성, 형충회합 등 수많은 명리 이론들이 녹아 있는 推命歌를 설진관 선생님의 현대적 재해석으로 실전에 바로 통변될 만한 내용들로 담아 이번 推命歌 158選 해설을 내놓게 되었습니다. 推命歌는 본연의 편리성이 장점인 반면 많은 이론들을 함축적인 짧은 글로 담다 보니 행간에 숨겨져 있는 해설에 목말라 하는 역학인들이 많았으리라 여깁니다. 이에 여러 역학인들의 기대에 부응하고 올바른 역학 지식을 전하게 된 것을 참으로 기쁘게 생각합니다.
 저의 易理 旅程에 큰 터닝 포인트가 된 이번 작업을 응원해 주시고 도와주신 설진관 선생님, 진관역학회 선생님들께도 감사한 마음 가득합니다. 박상호 진관역학회 회장님과 함께 작업을 맡게 되어 기쁜 마음과 함께 막중한 책임감을 동시에 느끼지만 무사히 작업을 마치게 되어 책으로 나오게 되니 많은 순간들이 머릿속에 스쳐 지나갑니다.

淵海子平 券四, 券五 등 많은 원서에서 주옥같은 詩訣들이 나오지만 한글적 특색과 음율의 묘미를 지닌 한국식 推命歌 는 입에 착착 감기는 또 다른 매력을 지녔다고 봅니다.

이번 설진관 추명가 해설서를 초보 역학인들은 물론 재야의 많은 역학인들도 初心으로 돌아가 차근차근 익히시면 실전 통변에 큰 도움이 되시리라 믿어 의심치 않습니다. 一回生, 二回熟, 공부에는 王道가 따로 없는 법이며, 천 리 길도 한걸음부터라 했듯이 하루에 2~3개를 입으로 읊으시면 어느 사이 158개를 모두 읽게 되고 한층 더 통변의 달인에 가까이 다가갈 것입니다.

己亥年
부산에서
이 지 선 근서

[설진관 추명가를 해설하면서 신수훈 선생님의 眞如命理講論 전 5권, 윤경선외 3인의 野學神訣, 설진관 선생님의 眞如秘訣 解說, 이석영 선생님의 四柱捷徑 전6권 등을 참고하였음을 밝혀둡니다]

추천사

설진관
在野 역학 연구가.
명리학, 기문둔갑, 팔주법, 매화역수, 진여비결,
사계단법, 하상역법, 사주심역, 추신론 등 연구

본인은 1980년에 당사주를 공부하면서 역술과 인연되어 1984년 甲子年에 사주 명리학을 처음 알게 되어 수십 평생을 명리학을 고민하면서 살아왔습니다.

때로는 정확한 판단을 하여 기인이라는 평도 들었고 때로는 오판하여 죄송한 마음을 금할 길 없었던 적도 있었습니다. 그런 과정에서 본인은 사주 명리학의 통변에 대한 해답을 고민하면서 정리하고 외우던 노드를 한곳에 보아 추명가 형식으로 정리한 바가 있으니 그것을 저의 강의실을 다녀간 후학들이 정리한 설진관 야학신결이라는 책 말미에 일부 부록으로 추명가를 실었는데, 그 추명가에 대한 해설을 바라는 독자들이 많다는 소식을 접하면서 진관역학회 박상호 회장님과 역학계 뉴브레인 이지선 여류 역학자가 공동으로 저의 추명가에 해설을 달아 세상에 내놓게 되었으니 참으로 기쁘지 아니할 수 없고 저 개인적으로도 영광이 아닐 수 없습니다.

부디 역학인들은 이 추명가를 읽고 이해하면서 암송하여 내방객들에게 큰 반려자가 되시길 바라면서 사계에 일독을 권하는 바입니다. 감사합니다.

부산 서대신동에서
설 진 관

추천사

김분재
前 동아대학교 평생교육원 교수
前 글로벌사이버대학교 동양학과 겸임교수
現 진관역학회 연구위원
現 심안철학원장(경남 진해시 여좌동)

　추명가란 사주 해석에 필요한 이론을 사언절구로 리듬 있게 시조나 노래 가사처럼 표현한 것을 뜻합니다.
　사주를 공부하려면 알아야 할 것, 외워야 할 것이 너무나 많아 힘들기도 하거니와 지루하기도 하여 많은 학인들이 중도에 포기하는 경우가 많습니다. 그래서 역학 선현들은 어렵거나 외우기 힘든 사주 이론들을 리듬감 있는 노래나 시조처럼 박자에 맞춰 좀 더 쉽게 읽고 외울 수 있는 추명가라는 것을 여러 가지 남겼습니다. 덕분에 많은 후대 역학인들이 사주 공부에 큰 도움을 받은 것은 사실이지만 때로는 한자만 가득하여 해독에 큰 어려움이 있거나 한글로 되어있다 하더라도 사언절구 본문만 전해지고, 내용 설명이 없는 경우가 많다 보니 애써 읽어도 무슨 뜻인지 이해하지 못하여 무용지물이 되는 경우도 많습니다. 때로는 힘들게 그 내용을 외우고 익혔다 하더라도 시대가 변하고 세상이 변하다 보니 그 시대에는 적중했던 추명가의 내용이 오늘날에는 맞지 않는 경우가 많아 애써 추명가를 해석했던 노력이 별 쓸모없게 되는 경우도 많습니다. 이에 설진관 선생님께서 이를 안타깝게 여겨

오랫동안 사주를 연구하고 감정하면서 정리된 이론들 중에서 현시대와 실제 상황에 부합되면서 꼭 필요한 이론들을 추려 모아 외우기 쉽고 익히기 쉽도록 추명가를 만들었으니 이것이 바로 본서인 설진관 추명가 해설집입니다.

이 추명가 해설집은 단순히 추명가 가사만 적은 것이 아니라 그 숨은 내용과 이론까지 상세히 설명한 것이 특징입니다.
단순 암기가 아니라 원리를 익혀 더욱 쉽게 이해하고 활용할 수 있는 것이 이 책의 가장 큰 장점일 것입니다.
추명가 해설집을 사려 깊게도 항상 휴대하기 쉽게 포켓 사이즈로 만들었으니 언제 어디서든 궁금하면 펼쳐서 사주 추명가의 리듬 속에 담겨 있는 역학 이론의 진수를 음미해 보시기를 권하는 바입니다.

경남 진해에서
심안철학원장
김분재 근서

추천사

문태식
부산교육대학 졸업
부산대학교 교육대학원 교육행정 전공
前 성남초등학교 교장
現 한국선천적성평가원 부산 분원장

2010년에 사주 공부를 시작하면서 지인의 소개로 자연의 소리에서 설진관 선생님의 가르침을 받은 지도 벌써 10년이 되었습니다.

사주 공부가 인생사에 반드시 필요한 학문이기는 하지만, 그 내용이 너무나 방대하고 어렵기 때문에 주변의 많은 사람들이 역학에 입문을 했다가 결국 견디지 못하고 그만두는 경우가 허다했던 것입니다.

학문의 완성을 위해서는 훌륭하신 스승님과 교재가 필수적이라고 했지만, 사실 시중에 나와 있는 많은 출판물 중에 역학에 갈증을 느끼는 역학인들에게 갈증을 해소시킬 만한 출판물은 그렇게 많지 않았습니다.

약관의 나이에 역학계에 입문하여 20년 넘게 후학들을 위해 무료 강의를 해 오신 부산 진관역학회 설진관 선생님께서 이번에 추명가를 세상에 내놓게 되었습니다. 지금까지 비기 중의 비기로 일부 역학인들에만 전수되어 내려오던 설진관 선생님의 추명가를 박상호, 이지선 님의 해설로 세상에 나오게 되었습니다.

추명가 해설은 사주에 대한 관점을 볼 수 있는 노래 형식의 비기로서 신기에 가까울 정도로 정확하게 통변할 수 있는 비기 중의 비기입니다. 추명가 해설은 역학계에 생명수의 역할을 할 것이기 때문에 사주학을 공부하는 도반과 실제 역술업에 종사하시는 분들에게 크나큰 축복이 아닐 수 없습니다. 추명가 해설에는 복잡하고 어려운 내용을 사언절구 형식의 노래 가사처럼 정리하여 쉽게 이해하고 암기할 수 있는 획기적인 방법이라는 생각이 듭니다.

추명가 해설은 사주 내용의 핵심을 압축한 것이기 때문에 추명가 해설을 열심히 공부하여 사주 통변의 원리를 깨우친다면 역학인들의 통변 능력은 몇 배 업그레이드가 될 것으로 사료되어 일독을 권합니다.

己亥年
부산에서
문태식 근서

목 차

들어가는 말	2
해설서를 출간하면서	4
추천사	6

제1장 　　　　　명리학 대관　　　　　32

제1절 명리학은 무엇인가　　　　　32

| 추명가 1 | 음양으로 선천후천 | 조화되어 인연맺어 | 세상나온 다음세상 | 이내몸은 밝혀가네 | 32 |
| 추명가 2 | 사주명반 어둠세상 | 속에깃든 걷어내고 | 업연소명 밝은세상 | 밝혀내어 걸어가니 | 34 |

제2절 명리학의 활용　　　　　36

| 추명가 3 | 선현님들 놀랍고도 | 맑은지혜 아름다워 | 신비로운 신의학문 | 명리학은 아니더냐 | 36 |
| 추명가 4 | 밝은지혜 날로날로 | 통변법칙 익혀두어 | 추명가로 홍익인간 | 밝히노니 하여보세 | 36 |

제2장 　　　　　원리와 통변　　　　　37

제1절 오행과 십간　　　　　37

| 추명가 5 | 오행운기 음양변화 | 십간으로 영속으로 | 나눠지고 흥망성패 | 십이지지 밝혀지네 | 37 |

◆ 육신 분류는 어떻게 하는가　　　　　38

| 추명가 6 | 인식재관 누구에게 | 살상겁인 무슨일이 | 통변배속 있을지를 | 배분하여 예측하세 | 38 |

◆ 12운성(포태법) 활용 39

| 추명가 7 | 년월일시 왕상휴수 | 사주명반 나눠보아 | 근묘화실 사람운명 | 분별되고 밝혀보네 | 39 |

제2절 생로병사의 비결 12운성 44

◆ 오행과 십간의 생로병사를 어떻게 추리하는가 44

추명가 8	장생지에 관대지는	세상나와 의욕이요	목욕단장 건록지는	하고나니 공평하세	44
추명가 9	제왕지는 병지들어	준엄하며 이해하며	쇠하는때 사지에서	후퇴하고 사색하니	46
추명가 10	고지에서 태지에서	주춤할세 인연한후	절지다시 양지에서	시작한다 꿈을꾸네	47

◆ 육신의 생로병사 활용 49

추명가 11	재성입묘 충자인연	그대처자 하게되면	인연멀어 짧은인연	어이하나 깊어질수	49
추명가 12	관성입묘 충자인연	그대낭군 찾아보아	인연멀다 백년해로	한탄말고 해볼세라	51
추명가 13	일간오행 후회한들	병사고절 어이하리	세상살이 세상이별	한탄하고 걱정이네	52

◆ 남의 집에서 자라다 53

| 추명가 14 | 일지양지 이것또한 | 놓아있어 팔자로다 | 타가에서 아이고~ | 양육되니 내팔자야 | 53 |

제3절 주요신살 통변 활용 54

| 추명가 15 | 형충인연 형자인연 | 변화하되 원수되니 | 충자인연 형충구분 | 무난이요 엄격하세 | 54 |

◆ 원진살은 상사병의 근원 57

| 추명가 16 | 원진살에 애닯고도 | 깃든육신 원망되니 | 지랄맞은 정신줄은 | 인연몸이 놓지마소 | 57 |

◆ 수족에 이상 있다 58

| 추명가 17 | 춘절해자 추절인술 | 하절묘미 동절축진 | 수족이상 이역시도 | 있어보고 어이하나 | 58 |

◆ 전생 인연 59

| 추명가 18 | 천을귀인 선연인가 | 있다하여 악연인가 | 조건없이 구분하여 | 좋다마소 맞이하소 | 59 |

◆ 귀한 가문 출신 60

| 추명가 19 | 선천가문 부귀빈천 | 복덕여부 구별말고 | 금여록에 세상사람 | 숨어있네 사랑하소 | 60 |

◆ 활인업(역술, 의술, 종교) 62

| 추명가 20 | 철쇄개금 그대재능 | 묘유술은 귀하노니 | 활인업과 세상사람 | 인연있네 구제하소 | 62 |

| 추명가 21 | 양인살에 불연이면 | 놓은인연 사건사고 | 활인업에 잦아드니 | 권해보고 어이할꼬 | 63 |

| 추명가 22 | 진술사해 세상사람 | 놓은인연 활인하세 | 천상에서 불연이면 | 받은업연 구설이라 | 65 |

◆ 치마를 둘렀지만 어머니는 강하다   67

추명가   무임경에   진술지는   몸과마음   따로놀아
23   노여움과   강직함은   어찌할수   없나보오   67

◆ 추락, 음해받음을 추리한다   69

추명가   황사백서   거짓이요   흑후청견   역적이요
24   적토따라   가다보니   사냥꾼이   놓은함정   69

◆ 돌싱(이혼, 별거)도 팔자다   72

추명가   고신과숙   건곤지명   혼자되어   있어보고
25   외로운맘   이내신세   뉘와함께   노닐꺼나   72

◆ 서출 인생   74

추명가   일시효신   놓은남성   서출인생   많이보고
26   일시효신   놓은여성   자식인연   멀어지네   74

◆ 역마, 지살   76

추명가   역마중중   산만하고   지살중중   재주많아
27   역마지살   분별되니   비슷하다   혼동마소   76

◆교통사고, 약물 중독 추리   78

추명가   역마형충   놓은사주   교통사고   주의하고
28   무자무인   봉인사신   약물중독   하지마소   78

◆ 부부 화목한가   80

추명가   월살인연   맺은부부   겉으로는   화목하나
29   부부갈등   속내마음   사람들은   모른다네   80

◆ 숨기고 싶은 비밀이 있다   83

| 추명가 30 | 도화살이 삼합되어 근친상간 수치몰라
도덕관념 모르고요 다중인격 어이하나 | 83 |

◆ 도박, 패륜아를 어떻게 아는가   85

| 추명가 31 | 연살원진 합연으로 맺어지니 도박패륜
노심초사 사람인연 절대절대 알수없네 | 85 |

◆ 욕구 발동 시기   86

| 추명가 32 | 도화형충 음욕발동 도화년운 되어보면
이성관계 이어지니 선악구별 명심하소 | 86 |

◆ 가정이 무너지다   88

| 추명가 33 | 연입양인 불효자요 월입양인 폭력성향
일입양인 원앙새는 불안해서 어이하나 | 88 |

◆ 홀로 살아가는 사주   89

| 추명가 34 | 상관인수 합연하면 극부극자 되게되어
혼인않고 독거생활 마디마디 고달퍼라 | 89 |

◆ 사랑에 실패한 사람   90

| 추명가 35 | 차착고란 놓은그대 만혼이면 성혼이나
초혼이면 불안하니 어이할꼬 어이할꼬 | 90 |

◆ 속가와 인연이 멀어지네   92

| 추명가 36 | 고신과숙 화개살과 일시놓아 승도인연
고신과숙 역마일시 홀홀단신 타향이다 | 92 |

◆ 12신살 구조 93

| 추명가 37 | 누가감히 십이운성 | 신살없다 창조명리 | 막말하나 실천하는 | 십이신살 첩경이요 | 93 |

제4절 공망의 속성 99

| 추명가 38 | 없는오행 두눈떠서 | 공망된자 다시보니 | 인연없다 다른경우 | 속단말고 많이본다 | 99 |

제5절 사주 명리학의 구조 101

| 추명가 39 | 일간중심 월주부모 | 나를잡아 형제까지 | 년주조상 두루두루 | 가문살펴 살펴보세 | 101 |

제6절 희기론의 원리 102

◆ 한눈에 보는 용신법 102

| 추명가 40 | 강한것을 태강태약 | 억제하고 맞은것은 | 약한것을 종세로써 | 생조하나 희용한다 | 102 |

◆ 대운 간법 105

| 추명가 41 | 천간지지 대운천간 | 동반왕래 지지운행 | 분리하여 함께관찰 | 관찰마소 마땅하오 | 105 |

◆ 용신과 수명 106

| 추명가 42 | 용신희신 희기신에 | 장수하고 사람수명 | 기신절명 좌지우지 | 단정마라 않더이다 | 106 |

제7절 절기 심천과 조후론 107

◆ 절기 심천가 107

| 추명가 43 | 사주명반 자연신비 | 펼쳐들고 그려지니 | 월지절기 그곳에서 | 심천으로 비밀캐소 | 107 |

◆ 한눈에 알아보는 조후론 111

| 추명가 44 | 한난조습 살펴보면 | 회화사주 그대명운 | 그려본후 고스란히 | 생극제화 보이나니 | 111 |

제8절 조후론의 숨은 통변 114

추명가 45	신월을목 인월병화	금다무수 다금무화	요절운명 주색방탕	우려되고 어이하리	114
추명가 46	오월병화 술월병화	경임병투 음기불출	왕화억제 하격요절	권력고관 운명일세	115
추명가 47	미월정화 신월정화	불투갑임 경금독행	이름따로 내당마님	실속따로 가권실세	116
추명가 48	인월무토 비승이면	화국수결 불성이니	승도운명 어찌할꼬	틀림없고 그대팔자	117
추명가 49	진월기토 사월기토	병계병투 양기충만	안락복면 암질환을	인연되며 조심하소	118
추명가 50	미월경금 축월경금	양기충만 불견화기	위장대장 이부자리	어찌할꼬 냉냉하다	119
추명가 51	해월경금 무관팔자	갑병오고 되어보니	정화암장 나라위해	되어있어 충성하소	120
추명가 52	인월신금 사월신금	병화보면 임계불견	무관으로 독거노인	출세하고 걱정된다	121

추명가 53	묘월임수 오월임수	일시토금 경계양존	교육언론 고시등과	입신하고 출세하소	122
추명가 54	유월임수 자월임수	태산불비 병무불견	유식자나 노력하나	가난하오 불성이라	123
추명가 55	인월계수 묘월계수	병신양립 경신불견	소년등과 미적감각	가문영광 특출하오	124

제9절 육신 통변   125

◆ 돈거래, 동업 조심하소   125

| 추명가 56 | 비겁중중 빌려줄때 | 놓은그대 앉아주고 | 금전거래 받을때는 | 하지마소 서서받네 | 125 |
| 추명가 57 | 비견인연 비견겁재 | 동업하되 다르나니 | 겁재인연 부디부디 | 동업말고 명심하소 | 126 |

◆ 아버지의 바람기   127

| 추명가 58 | 비겁많은 엄마엄마 | 사주팔자 슬퍼마소 | 그대부친 우리끼리 | 여난이요 살아가세 | 127 |

◆ 매력 있는 여성   128

| 추명가 59 | 상식다봉 추근대는 | 놓은여성 남성많아 | 다재다능 인기많다 | 하다하나 착각마소 | 128 |

◆ 장인의 바람기   129

| 추명가 60 | 다봉식상 부디부디 | 그대장인 가시는길 | 갈곳많은 여자만은 | 팔자라네 조심하소 | 129 |

◆ 낳아 준 아버지는 누구인가   131

| 추명가 61 | 재성많은 돌아오는 | 팔자인연 어버이날 | 그아버지 슬피울고 | 누구인가 앉았구나 | 131 |

◆ 사주에 재성이 약한데   132

| 추명가 62 | 관성많은 많은여성 | 젊은총각 인연되니 | 여자없다 선연인가 | 허풍마소 악연인가 | 132 |

◆ 관살 많은 여성은 과연 나쁜가   133

| 추명가 63 | 관성많은 벼슬길로 | 젊은처자 나아가니 | 사립짝문 승승장구 | 박차나가 얼씨구나 | 133 |

◆ 부친은 호색가   134

| 추명가 64 | 인성많은 세상사람 | 사주보니 모르지만 | 그대부친 하늘아래 | 호색가라 거짓없다 | 134 |

제3장   궁위와 육신 통변   135

제1절 조상을 분석하다   135

◆ 가족 간 불화   135

추명가 65	년월형충 일월형충	효재형충 원진된자	조부불화 부모형제	각거하고 의상하리	135
추명가 66	일월형충 혼인인연	부모불화 맺은이래	그언제나 고부갈등	효도할꼬 있어보네	137
추명가 67	일년형충 키워봤자	되고나니 소용없네	조상은혜 지랄맞은	배은망덕 인간세상	138
추명가 68	갑신계미 무인정해	계축임술 억울하게	임진신사 세상등진	경오기묘 어른있소	139

제2절 부모와 나의 인연 풀이 140

◆ 모친의 자유연애 140

| 추명가 69 | 인성재성 월지도화 | 암합된자 망신된자 | 그의모친 그대인생 | 자유연애 서출인생 | 140 |

◆ 모친과 남자 142

추명가 70	정인정재 어머니가	합연되고 자유연애	편재성이 내아버지	파극되면 누구인가	142
추명가 71	재다신약 모친따라	좌우합신 동가서숙	모친연애 남의집에	시련많고 자라본다	143
추명가 72	좌우인성 다봉인수	합신되면 된자라도	모두모두 그런인연	어미라니 겪어본다	145

◆ 내 남편과 자식은 이디에 146

| 추명가 73 | 년주인성 년주관식 | 놓아두면 놓은여성 | 모친인연 남편자식 | 멀리있고 어데있소 | 146 |

◆내 자식은 남의 손에, 나는 남의 자식 키우네 148

| 추명가 74 | 년주관겁 불연이면 | 놓은남명 남의자식 | 남의손에 키워보는 | 자식크고 인연일세 | 148 |

◆나는 서출 인생 149

| 추명가 75 | 인수편재 그대인연 | 암합하고 서출인생 | 인수편재 되고싶어 | 합신되면 되었느냐 | 149 |
| 추명가 76 | 월지도화 부모원망 | 망신살도 소용없고 | 서출인생 당당하게 | 많이보니 살아보세 | 151 |

◆ 나는 왜 남의 손에 커 보는가 　　　　　　　153

| 추명가 77 | 년주인수 남의엄마 | 놓여있어 가슴품에 | 엄마젖내 엄마생각 | 그리워서 잠드노라 | 153 |

◆ 부모 선망 　　　　　　　　　　　　　154

| 추명가 78 | 재성심약 인성심약 | 파극되면 파극되면 | 그대부친 그대모친 | 선망이며 선망이라 | 154 |

◆ 애인 두는 사주 　　　　　　　　　　156

| 추명가 79 | 일지장재 작첩한다 | 타재합신 전해오니 | 일시신살 가정화목 | 도화홍염 우선일세 | 156 |

제3절 나의 형제는 어떠한가 　　　　　　158

◆ 배다른 형제는 어떻게 아는가 　　　　158

| 추명가 80 | 일주합화 이복형제 | 비겁된자 있어보고 | 비견겁이 재산분쟁 | 좌우합신 처절하다 | 158 |
| 추명가 81 | 양인겁재 멀리떠난 | 동주하고 형제있어 | 양인제어 그립고도 | 못하면은 애닯아라 | 160 |

◆ 성격 추리 　　　　　　　　　　　　　161

| 추명가 82 | 신강신약 월지육신 | 일주심성 참고하여 | 무관하니 일주성격 | 일간특성 분석하세 | 161 |

◆ 총명한 사람인가 정신병자인가 　　　162

| 추명가 83 | 귀문관살 총명하기 | 놓은사주 그지없네 | 번뜩이는 정신병자 | 지혜있고 오해마소 | 162 |

◆ 처덕으로 출세하는 남성 — 164

| 추명가 84 | 재자약살 선재후명 | 놓은남명 복록으로 | 인처성재 이름만리 | 행운있고 떨치리라 | 164 |

◆ 시가, 본가 덕 많은 여성 — 165

| 추명가 85 | 재자약살 출가해도 | 놓은여명 시모사랑 | 부모관심 태평가를 | 속에성장 부르리라 | 165 |

◆ 비뇨기과 방문 잦은 남성 — 166

| 추명가 86 | 도화형충 간합지형 | 맞은낭군 놓은그대 | 아랫도리 비뇨기과 | 조심하고 다녀오소 | 166 |

◆ 제삿밥 먹기 힘든 사주 — 167

| 추명가 87 | 병신일주 어이하나 | 신시생은 살아생전 | 죽고난후 널리널리 | 배고파서 베푸소서 | 167 |

◆ 친구 따라 강남 간다 — 168

| 추명가 88 | 비겁역마 도화겁재 | 동주하면 동주해도 | 친구따라 주색으로 | 강남가고 지랄이다 | 168 |

제4절 연애와 결혼 — 169

◆ 관성 많은 여성 어이할까 — 169

| 추명가 89 | 명암부집 인성인연 | 있는처자 찾아나서 | 남자들에 전화위복 | 쌓여있네 하자꾸나 | 169 |

◆ 자식 낳고 남편과 이별 — 170

| 추명가 90 | 상관견관 선연악연 | 득자별부 분별하여 | 애비없는 자식위해 | 자식둘까 맞이하소 | 170 |

◆ 국제결혼 인연 — 172

| 추명가 91 | 역마관성 불연이면 | 타국낭군 타향인연 | 역마재성 이것또한 | 타국낭자 인연일세 | 172 |

◆ 자식 출산 — 174

| 추명가 92 | 식상형충 식상봉록 | 여명사주 인연이면 | 그대자손 걱정마소 | 불안하고 그대자손 | 174 |

◆ 처의 외정 걱정하네 — 176

| 추명가 93 | 연월간에 그대처도 | 놓은겁재 바람날까 | 재물분산 뜬눈으로 | 불안하고 긴밤지새 | 176 |

◆ 처의 외정, 내 자식은 어디에 — 179

| 추명가 94 | 겁재혼잡 년주관성 | 놓은남명 위치하면 | 처의외정 내자식은 | 걱정되오 소식없네 | 179 |

◆ 남의 자식 키우거나, 유부남과 인연 — 181

| 추명가 95 | 여명겁식 모든것이 | 관성합연 인연이네 | 남의자식 이내팔자 | 키워보니 어찌할꼬 | 181 |
| 추명가 96 | 연주식상 인수식상 | 놓은여성 합연이니 | 내자식은 친정집에 | 어데갔노 기거한다 | 183 |

◆ 부부 인연 오래 할까 — 185

| 추명가 97 | 비겁많은 내것이다 | 남녀사주 믿지말고 | 그대부부 외출하면 | 주인없네 남의인연 | 185 |

◆ 부부 이별 — 186

추명가 98	관성절지 재성절지	되어봄은 되어봄도	일부종사 조강지처	힘들고요 어데갔노	186
추명가 99	사주천간 혹여재혼	비겁중중 인연이면	부부인연 부부인연	멀어가고 이어간다	187

◆ 재혼 인연 188

추명가 100	남명봉인 여명사주	있으면은 투합쟁합	재가인연 재가인연	맺게되고 있을수도	188
추명가 101	상관정관 일부종사	맞은곳에 힘드노니	형충놓은 이것또한	새색시는 운명일세	190
추명가 102	관불균에 관태왕에	시상상관 제부족도	살그리워 누구품에	뜬눈지새 의지할꼬	191
추명가 103	관성도화 어디하나	믿지마소 믿을손가	이집저집 이런것도	놀아나니 팔자론가	193

◆ 혼전 득자 인연 194

추명가 104	재성관성 연애결혼	일주합연 틀림없고	총각으로 그대처자	득자하니 사랑하소	194
추명가 105	식상관성 사주명리	일주합연 신비하니	처녀임신 누가감히	있어보아 의심하랴	196

◆ 애인 두는 여성 198

추명가 106	을신계사 일장관식	정기해일 합관식녀	몰래사랑 정그리워	경험하고 눈물짓네	198
추명가 107	사해일지 숙명안고	놓은여명 태어나니	부부인연 길연맺고	바꿔지네 해로하세	200
추명가 108	간여지동 간여지동	다봉견겁 다봉견겁	그대부군 그대각시	꽃밭으로 유혹많네	202

◆ 남편 출세 시키는 여성 　　　　　　　　　　204

| 추명가 109 | 관성일기 그대부군 | 수기되고 출세시켜 | 관성길신 그대또한 | 되어보면 귀인일세 | 204 |

◆ 연상 연하 인연 　　　　　　　　　　206

| 추명가 110 | 일지식상 임계일주 | 놓은여성 여성사주 | 연하남과 노랑연하 | 인연있고 인연있다 | 206 |

제5절 나의 자식은 어떠한가 　　　　　　　　　　207

◆ 자식 인연과 부귀 　　　　　　　　　　207

추명가 111	식신상관 관성형충	형충여성 남성팔자	자식인연 자식인연	멀어지고 아쉬워라	207
추명가 112	시주관살 시주관살	길신건명 흉신건명	좋은자식 자식걱정	기대하나 계속되며	209
추명가 113	시주식상 시주식상	길신곤명 흉신곤명	좋은자식 자식걱정	기대하고 계속되네	211
추명가 114	건명사주 자식인연	관살태약 멀리있고	다봉식상 뜬눈으로	형충되면 잠못이뤄	213
추명가 115	곤명식상 그역시도	식상태약 걱정이니	다봉인성 절손될까	형충되면 걱정이라	215
추명가 116	인성행운 식상행운	맞은여명 중중하면	자식인연 부군인연	멀어지고 떠나가네	217

제6절 무슨 직업으로 살아갈까 　　　　　　　　　　218

◆ 법조계 　　　　　　　　　　218

| 추명가 117 | 관인상생 금수쌍청 | 놓은팔자 태산겸비 | 귀한명운 법조계에 | 틀림없고 이름있소 | 218 |

◆ 외국계 회사, 군·경 인연 220

| 추명가 118 | 역마지살 살인상생 | 관인겸비 겸비되면 | 타국거래 군경인연 | 관여하고 있어본다 | 220 |

◆ 형사 입건 222

| 추명가 119 | 천라지망 불연이면 | 일지놓여 감금생활 | 감금사무 당해보니 | 취해보고 업연이요 | 222 |
| 추명가 120 | 술해진사 병원생활 | 수옥살은 의사환자 | 감금한번 교도관직 | 당해보고 인연되오 | 224 |

◆ 군경, 의사 인연 225

추명가 121	양인성은 불연이면	칼날이니 수술인연	군경의사 틀림없이	인연있고 있어본다	225
추명가 122	일지봉형 천라지망	수옥살은 양인살은	경찰군인 역시또한	많이보고 군경이요	226
추명가 123	살인상생 불연이면	놓은그대 갇혀보니	충신임이 이것또한	틀림없고 인연인가	229

◆ 재정, 금융, 무역 인연 230

| 추명가 124 | 일주인연 식재역마 | 재관고는 인연되어 | 재정금융 무역산업 | 인연있고 해보구나 | 230 |

◆ 항공업 인연 232

| 추명가 125 | 사임역마 병화성도 | 관인상연 항공산업 | 항공산업 사중병화 | 있어보고 인연인가 | 232 |

◆ 교육, 언론, 강사 인연   234

| 추명가 126 | 월봉인수 식상강왕 | 관인상생 발원되면 | 교육언론 인기강사 | 해보고요 틀림없네 | 234 |

◆ 의술, 활인업 인연   235

| 추명가 127 | 철쇄개금 현침천문 | 일지봉형 놓은역시 | 의약의술 활인업에 | 인연되고 있어본다 | 235 |
| 추명가 128 | 일지봉형 인연되니 | 철쇄개금 이것또한 | 현침살은 선천인연 | 의약활인 인가보오 | 236 |

◆ 요식업 인연   238

| 추명가 129 | 지연수국 식상생재 | 놓은사주 이은역시 | 음식업에 음식업에 | 좋다하고 인연있다 | 238 |

◆ 외국계 회사, 외국어 인연   239

추명가 130	역마재성 역마인수	해외재물 해외학문	역마관성 역마성을	해외직업 관찰하라	239
추명가 131	수목일주 역마지살	수다사주 중첩놓아	해외출입 이역만리	잦아보고 드나든다	241
추명가 132	재관합신 목화역마	되어본자 인사인연	재정담당 항공업계	인연되고 인연있다	243

◆ 종교 인연   245

| 추명가 133 | 일시화개 무인일주 | 천문성은 목화겸비 | 지성으로 큰스승님 | 기도하고 추대받네 | 245 |
| 추명가 134 | 무기일주 역술상담 | 다봉인수 이역시도 | 종교철학 그인연의 | 인연있고 선상이다 | 246 |

| 추명가 135 | 주중화개 사주철학 | 천문성도 미신이다 | 종교철학 단정짓지 | 인연되니 말지어다 | 247 |
| 추명가 136 | 편인공망 인성다봉 | 있어보면 무재사주 | 역술종교 백발서생 | 인연있고 팔자로다 | 248 |

◆ 주점, 룸살롱 인연   249

| 추명가 137 | 시상관에 수취왕양 | 관불균자 화가지녀 | 접객업에 위경론에 | 인연있고 전해오네 | 249 |

◆ 부귀한 인연   252

| 추명가 138 | 신왕관왕 권인상정 | 삼기득위 살인상생 | 만인추앙 귀인사주 | 받아보고 틀림없소 | 252 |

◆ 부자와 가난한 자   254

| 추명가 139 | 신왕재왕 재고인연 | 식상생재 사수된자 | 부자사주 가난뱅이 | 틀림없소 단정마라 | 254 |

◆ 부자 사주   257

추명가 140	식신생재 삼합재국	성격하고 봉록겸비	신왕재왕 만석꾼이	이은사주 틀림없네	257
추명가 141	재왕재고 재성겸비	겸비하면 겁재무견	부자사주 역시부자	틀림없고 인연이네	258
추명가 142	식상다봉 재성다봉	재성무근 식상무근	일은하되 노력보다	수익없고 욕심앞서	259

◆ 실업자와 자영업자   260

| 추명가 143 | 무관무재 비겁식상 | 구성사주 구성사주 | 취직자리 자영업에 | 그립구나 인연이다 | 260 |

◆ 대기업 인연   261

추명가   일주연좌   재관인은   공직이나   대기업에
144   인연있고   불연이면   그배우자   인연이네   261

◆ 공무원, 교육, 언론계 인연   262

추명가   관인상생   정관정인   공직생활   인연있고
145   관인상생   월봉인수   교육언론   인연있네   262

◆ 예술계 인연   263

추명가   식신상관   언변탁월   예술분야   인연있고
146   예술분야   진출하면   그대재능   출중하다   263

◆ 인사 이동, 문서 사기   264

추명가   식상형충   맞이하면   그대직업   보직변동
147   인성형충   되어보면   문서계약   조심하소   264

◆ 쌍둥이 인연   265

추명가   사주구성   사사중중   곤명쌍생   인연있고
148   해해중중   건명쌍생   인연있어   보는구나   265

◆ 水多면 과연 정력이 좋을까   266

추명가   수다라도   정력무관   많이보니   수다호색
149   막말말고   부디부디   목왕사주   살펴보소   266

제4장   사건 사고   267

◆ 교통사고   267

| 추명가 150 | 역마지살 일주백호 | 일지형충 놓일때도 | 교통사고 교통사고 | 조심하소 조심하소 | 267 |

◆ 신체장애, 흉터 270

| 추명가 151 | 인일사시 유일술시 | 난치질병 벙어리나 | 불구자를 얼굴흉터 | 많이보고 보게된다 | 270 |

◆ 객지 사고 등 271

| 추명가 152 | 역마형충 도화형충 | 사주인연 되는때는 | 객지사고 색정색란 | 횡사우려 조심하소 | 271 |

◆ 수술, 상처 272

| 추명가 153 | 백호성에 형충가중 | 업힌그대 되어보면 | 수술흉사 송사이별 | 어찌하나 걱정되오 | 272 |

제5장 특별 통변 274

◆ 眞如秘訣(진여비결), 因緣法(인연법) 274

| 추명가 154 | 진여인연 세상사람 | 살펴보아 구제하여 | 선연악연 홍익인간 | 분별하여 실천하세 | 274 |

◆ 형충회합 동정론 277

| 추명가 155 | 사주비결 동정론을 | 개운명리 앞세워야 | 진여비결 정밀판단 | 속에있고 하게되오 | 277 |

◆ 내정법, 사계단법(일진명반) 비결 284

| 추명가 156 | 근묘화실 길흉화복 | 사계단법 정밀판단 | 내정법도 자연스레 | 겸비하여 되어나니 | 284 |

| 추명가 157 | 건명에서 곤명에서 | 어머니가 친정엄마 | 장인어른 백년손님 | 안부묻고 안부묻네 | 295 |
| 추명가 158 | 진여비결 홍익인간 | 야학신결 하여보는 | 악용말고 그대분명 | 선용하여 진인이라 | 297 |

에필로그	298
편저자 소개	300
참고문헌	301
서평	302
진여명리강론 소개	303
설진관 명리학 야학신결(野學神訣) 소개	304
사주 명리학과 인연법 진여비결 해설 소개	306

제1장 명리학 대관

제1절 명리학은 무엇인가

추명가 1	陰陽으로 調和되어 世上나온 이내몸은, 先天後天 因緣맺어 다음世上 밝혀가네. 음양으로 조화되어 세상나온 이내몸은, 선천후천 인연맺어 다음세상 밝혀가네.
해 설	명리학의 사주 네 기둥 중에 年柱와 月柱는 선천 인연이고 時柱는 후천 인연임을 말하고 있으니 옛 성인들의 최고 역리학임이 확실하다.

時	日	月	年
후천	후천	선천	선천
時柱(時上)의 중요성을 말하며, 時柱는 야망의 실현(실천) 방법이다.		年柱, 月柱는 선업(先業), 악업을 말한다.	

■時柱는 각 개인이 세상을 살아가는 도구 역할을 하므로 月柱(선천적 환경)와 밸런스를 유지하는 데 時柱(후천적 환경)의 활용이 중요하다.

하늘(年)로부터 業(月)을 짊어지고 세상에 나온 人間(日)의 업연과 숙명을 命이라 하고, 命은 人間이 살아가면서 주어진 소명(時)임을 알면서 깨달음의 영역인 空으로 향하는 것이야말로 바로 道인 것이다.

주어진 명운에서 운명을 개척하고 창조하려는 간절한 『善意志(선의지)』는 우리의 내일을 찬란하게 보여 줄 수 있다.

추명가 2	四柱命盤 속에깃든 業緣召命 밝혀내어, 어둠世上 걷어내고 밝은世上 걸어가니. 사주명반 속에깃든 업연소명 밝혀내어, 어둠세상 걷어내고 밝은세상 걸어가니.
해 설	사주에 있는 年柱, 月柱, 日柱, 時柱를 바르게 깊게 알아보면, 사주에서 인연의 업장과 이생에서 사명이 무엇인가를 알 수 있다.

■그대 업연: 月柱

 그대 소명: 時柱(時上), 도구

 月柱와 時柱 이 두 가지를 살펴보면 더 명확히 알 수 있다.

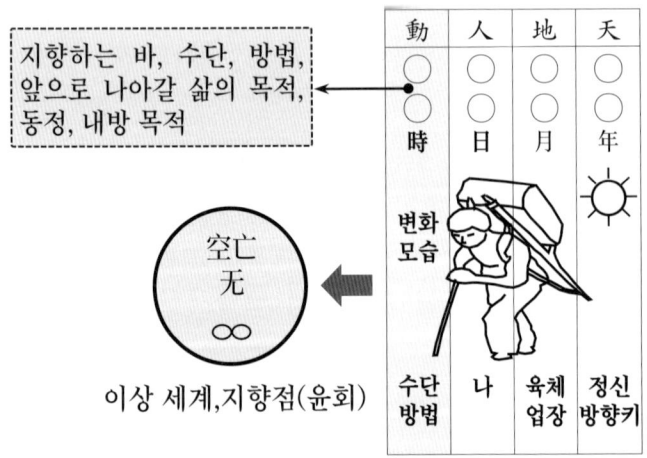

■참고 : 사주의 내면 구조

시주	일주	월주	년주
서	남	동	북
실	화	묘	근
가게, 점포	방	건물	토지
자식, 배우자 (처가, 시댁)	나, 배우자	부모, 형제 (친가)	조상
부하 직원	본인	중견 간부, 연결책	사장
자식 방, 창고, 화장실 등	안방	마당, 거실	대문
후세	현세	업연(業緣)	전생
뒷배경, 이곳, 도구 (또는 교통수단)	주변	원거리 + 근거리	원거리
우(右)		좌(左)	
우 . 앞	우 . 뒤	좌 . 앞	좌 . 뒤

제2절 명리학의 활용

추명가 3	先賢님들 맑은智慧 神秘로운 命理學은, 놀랍고도 아름다워 神의學問 아니더냐. 선현님들 맑은지혜 신비로운 명리학은, 놀랍고도 아름다워 신의학문 아니더냐.
해 설	사주에서 운명을 밝혀 주니 이 학문은 놀랍고 신비로운 신의 학문이다.

추명가 4	밝은智慧 通辯法則 推命歌로 밝히노니, 날로날로 익혀두어 弘益人間 하여보세. 밝은지혜 통변법칙 추명가로 밝히노니, 날로날로 익혀두어 홍익인간 하여보세.
해 설	사주 명리 통변 법칙을 추명가로 알리고자 하니, 매일매일 익히고 알려서 인간 세계에 이롭게 합시다.

제2장 원리와 통변

제1절 오행과 십간

추명가 5	五行運氣 十干으로 나눠지고 十二地支, 陰陽變化 永續으로 興亡成敗 밝혀지네. 오행운기 십간으로 나눠지고 십이지지, 음양변화 영속으로 흥망성패 밝혀지네.
해 설	木火土金水가 陰陽에 따라 十干으로 나뉘고, 그 十干은 十二地支의 陰陽 운동으로 변화가 일어난다.

■五星은 다섯 개이다.
(1) 그중 木은 본시 하나이나 陰陽의 변화에 따라서 관찰되는 양태로 甲과 乙로 나뉘는 것이다.
(2) 다른 영역의 五行도 마찬가지이다.

■陰陽이란 時間(시간)과 空間(공간)의 영역이다.

■陰陽과 五行
 五星은 陰陽 즉 十二地支의 시간과 공간에 배속되어 운행된다. 이것을 총칭하여 五行이라 한다.

◆ 육신 분류는 어떻게 하는가

추명가 6	印食財官 殺傷劫刃 通辯配屬 配分하여, 누구에게 무슨일이 있을지를 豫測하세.
	인식재관 살상겁인 통변배속 배분하여, 누구에게 무슨일이 있을지를 예측하세.
해 설	정관, 재성, 인수, 식신은 吉星으로, 칠살, 겁재, 상관, 양인은 凶星으로 구분되기도 한다.

■ 殺傷劫刃 중 刃은 양인으로 정한다.
 정인과 편인을 같이 吉星으로 보기도 하지만 여기서는 확실히 구분하고 있다.
■ 이러한 육신의 개념은 절대적 개념이 아니라 인간의 내면에 내재되어 있는 好不好로 나뉘어진다.
 그러므로 시대적, 장소적, 철학적 소신에 따라 달리 구분될 수 있음을 이해하기 바란다.
■ 이미 현시대는 칠살을 좋게 보기도 하는데 현재 경찰 공무원에 응시하는 사람들의 경쟁률이 상당히 높은 것과 같다.
■ 4凶神 – 殺傷梟刃
　 4吉神 – 食財官印

　　格에서 ⎧ 凶神格 – 殺傷劫刃
　　　　　 ⎩ 吉神格 – 食財官印 (편인도 길신격으로 본다)

◆ 12운성(포태법) 활용

추명가 7	年月日時 四柱命盤 根苗花實 分別되고, 旺相休囚 나눠보아 사람運命 밝혀보네. 년월일시 사주명반 근묘화실 분별되고, 왕상휴수 나눠보아 사람운명 밝혀보네.
해 설	年月日時 根苗花實을 정하고(월지 중심의) 왕상휴수를 살피면 세상 사람들의 운명이 그곳에서 모두 관찰된다.

時	日	月	年
實(실)	花(화)	苗(묘)	根(근)

■十二運星은 天干과 각 地支 간의 관계성을 설명하는 것이다.
1) 天干이 地支에 따라 역량이 달라진다.
   그 기본은 旺相休囚(왕상휴수)이다.
2) 十二運星은 양포태, 음포태로 움직이는데 十二運星은 각 天干이 地支에 해당될 때 어떻게 변화되느냐 하는 것을 말하는 것으로 이는 생로병사를 말한다.

■왕상휴수사표

1)旺相休囚死 - 1(통설)

분류	木	火	土	金	水
寅卯 월	왕(旺)	상(相)	사(死)	수(囚)	휴(休)
巳午 월	휴(休)	왕(旺)	상(相)	사(死)	수(囚)
申酉 월	사(死)	수(囚)	휴(休)	왕(旺)	상(相)
亥子 월	상(相)	사(死)	수(囚)	휴(休)	왕(旺)
辰戌丑未 월	수(囚)	휴(休)	왕(旺)	상(相)	사(死)

2)旺相休囚死 - 2(통설)

분류	왕(旺)	상(相)	휴(休)	수(囚)	사(死)
寅卯 월	木	火	水	金	土
巳午 월	火	土	木	水	金
申酉 월	金	水	土	火	木
亥子 월	水	木	金	土	火
辰戌丑未 월	土	金	火	木	水

3)설진관 선생님의 旺相休囚表

五行 四季	木	火	金	水	土	
					火	水
春	왕(旺)	상(相)	수(囚)	휴(休)	상(相)	휴(休)
夏	휴(休)	왕(旺)	상(相)	수(囚)	왕(旺)	수(囚)
秋	수(囚)	휴(休)	왕(旺)	상(相)	휴(休)	상(相)
冬	상(相)	수(囚)	휴(休)	왕(旺)	수(囚)	왕(旺)

십이운성(=포태법)

(기준:火土同宮)

	甲	乙	丙戊	丁己	庚	辛	壬	癸
子	沐浴	病	胎	絶	死	生	旺	祿
丑	冠帶	衰	養	庫(墓)	庫(墓)	養	衰	冠帶
寅	祿	旺	生	死	絶	胎	病	沐浴
卯	旺	祿	沐浴	病	胎	絶	死	生
辰	衰	冠帶	冠帶	衰	養	庫(墓)	庫(墓)	養
巳	病	沐浴	祿	旺	生	死	絶	胎
午	死	生	旺	祿	沐浴	病	胎	絶
未	庫(墓)	養	衰	冠帶	冠帶	衰	養	庫(墓)
申	絶	胎	病	沐浴	祿	旺	生	死
酉	胎	絶	死	生	旺	祿	沐浴	病
戌	養	庫(墓)	庫(墓)	養	衰	冠帶	冠帶	衰
亥	生	死	絶	胎	病	沐浴	祿	旺

■암기 순서(시계 방향)

陽干: 生浴冠 祿旺衰 病死庫 絶胎養

(생욕관 록왕쇠 병사고 절태양)

12運星表 (火土同宮 기준)

旺死絕之圖　陰陽順逆生

地支	壬	庚	丙戊	甲	癸	辛	丁己	乙
巳	絕	生	祿	病	胎	死	旺	浴
午	胎	浴	旺	死	絕	病	祿	生
未	養	帶	衰	墓	墓	衰	帶	養
申	生	祿	病	絕	死	旺	浴	胎
酉	浴	旺	死	胎	病	祿	生	絕
戌	帶	衰	墓	養	衰	帶	養	墓
亥	祿	病	絕	生	旺	浴	胎	死
子	旺	死	胎	浴	祿	生	絕	病
丑	衰	墓	養	帶	帶	養	墓	衰
寅	病	絕	生	祿	浴	胎	死	旺
卯	死	胎	浴	旺	生	絕	病	祿
辰	墓	養	帶	衰	養	墓	衰	帶

12運星表 (水土同宮 기준)

位	甲	丙	庚	壬	乙	丁	辛	癸己
巳	病	祿	生	絶	浴	旺	死	胎
午	死	旺	浴	胎	生	祿	病	絶
未	墓	衰	帶	養	養	帶	衰	墓
申	絶	病	祿	生	胎	浴	旺	死
辰	衰	帶	養	墓	帶	衰	墓	養
酉	胎	死	旺	浴	絶	生	祿	病
卯	旺	浴	胎	死	祿	病	絶	生
戌	養	墓	衰	帶	墓	養	帶	衰
寅	祿	生	絶	病	旺	死	胎	浴
丑	帶	養	墓	衰	衰	墓	養	帶
子	浴	胎	死	旺	病	絶	生	祿
亥	生	絶	病	祿	死	胎	浴	旺

旺死絶之圖　陰陽順逆生

제2절 생로병사의 비결 12운성

◆ 오행과 십간의 생로병사를 어떻게 추리하는가

추명가 8	長生地에 세상나와 沐浴단장 하고나니, 冠帶地는 意欲이요 建祿地는 公評하세. 장생지에 세상나와 목욕단장 하고나니, 관대지는 의욕이요 건록지는 공평하세.
해 설	십이운성의 장생지는 태어남을, 목욕지는 단장함을 말하고, 관대지는 젊은 혈기로 의욕이 넘치고, 건록지는 공정한 실천가이다.

長生(장생)

(1) 生地이다.
  아이가 태어나서 첫울음을 터뜨리는 것을 의미한다.
(2) 샘솟듯이 만물이 태어나는 것이다.
  NEW라는 개념, 신생아, 새롭다는 뜻이다.
(3) 키워드는 '발생', '탄생'이다.

沐浴(목욕)

(1) 원초적 그대로이며 아이를 씻기는 것이다.
(2) 키워드는 '꾸며 주다, 가꾸다, 포장하다'이다.

冠帶(관대)

(1) 마음만 앞서고 실천력이 떨어지는 이론가에 지나지 않는다.
(2) 키워드는 '이론가', '성숙', '실수'이다.

建祿(건록)

(1) 봉급을 받기 시작한다. 관대에서 충분한 이론을 가지고 건록에서 실천을 한다.
(2) 키워드는 '전문가', '실천가', '공평'이다.

추명가 9	帝旺地는 峻嚴하며 衰하는때 後退하고, 病地들어 理解하며 死地에서 思索하니. 제왕지는 준엄하며 쇠하는때 후퇴하고, 병지들어 이해하며 사지에서 사색하니.
해 설	십이운성의 왕지에서 권한있어 준엄하며 쇠지에는 늙어 고문관으로 후퇴하고, 병지에서 아파하며 후회하고 삶을 이해하고, 사지에는 영혼의 분리 단계로 사색한다.

帝旺(제왕)

(1) 엄정한 법 집행을 하는 시기이다.
(2) 키워드는 '大義(대의)를 위해서 小(소)를 희생'이다.

衰(쇠)

(1) 말년 병장처럼 뒤로 물러나는 시기이다.
(2) 키워드는 '물러서서 관조'이다.

病(병)

(1) 동정심이며, 달래 주는 마음(복지/의사/간호사 등)이다.
(2) 키워드는 '동정심', '양보심'이다.

死(사)

(1) 삶을 마감했으니 돌아보는 시기이며, 모든 것이 정지된 것으로 STOP이다.
(2) 키워드는 '철학적 사고'이다.

추명가 10	庫地에서 주춤할세 絶地다시 시작한다. 胎地에서 因緣한후 養地에서 꿈을꾸네,
	고지에서 주춤할세 절지다시 시작한다. 태지에서 인연한후 양지에서 꿈을꾸네,

해 설 십이운성의 고지에서는 땅속에 머물고 주춤하여 지켜보다가 절에서 다시 육신을 찾아 만남과 이별이 교차하며 새 출발하고, 태지에서 새로운 생명이 잉태되어 태아가 배 속에서 자라면서 꿈을 꾸는 것이다.

庫(고)=墓(묘)

(1) 육신이 묘지 속의 관에 들어간다. 무덤가에서 주춤거리는 모습이다.
(2) 키워드는 '머뭇거림' 이다.

絶(절)

(1) 이별과 만남이 교차하는 곳이다. 청산과 새로운 시작이다. 장생과는 분명히 다르다.
(2) 키워드는 '이별과 만남', '새 출발' 이다.

胎(태)

(1) 새로운 육신을 받기 위해 어머니 자궁에 잉태하는 시기를 표현한다. 새로운 꿈과 희망을 가지고 있다.
(2) 키워드는 '의타적', '실천력 부족' 이다.

養(양)

⑴어머니 배 속에서 무럭무럭 자란다.
　보다 나은 삶을 위해 꿈을 키운다.
⑵키워드는 '양육', '성장'이다.

◆ 육신의 생로병사 활용

추명가 11	財星入墓 그대妻子 因緣멀어 어이하나, 冲字因緣 하게되면 짧은因緣 깊어질수.
	재성입묘 그대처자 인연멀어 어이하나, 충자인연 하게되면 짧은인연 깊어질수.
해 설	정재가 墓에 있으면 그대 부인과 인연이 짧으나, 그 자를 冲하는 인연을 만나면 그 인연 길어질 수 있다.

■재성 입묘, 식상 입묘, 관성 입묘, 비겁 입묘 등 입묘 되는 해당 육신은 인연이 멀어지거나 더디다.

■墓(묘)=庫(고)에 해당하는 육신은
1) 빨려 들어가는 상태(~ing)나 들어가고 있는 모습(~into)이 아닌 이미 들어가 있는 상태(~in)이다. 庫와 墓를 구분하기도 하나 큰 의미는 없다.

(財星 入墓(재성 입묘))

남명 기준에 재성에 해당되는 육신이 墓(庫)라면
1) 墓(묘) 속에 재성이 이미 들어가 있다.
2) 재성이 墓(묘)에 임해도 재성의 根이 될 수 있으므로 인연이 되기도 한다.
3) 재성이 墓(묘)에 임하고, 맞이하는 인연이 冲이 되는 인연이면 새로운 인연을 만나기도 한다.

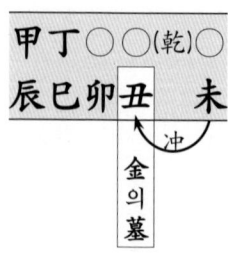

▶年支 丑은 재성인 金의 墓(묘)이므로 冲하는 인연 未生을 만나면 길하다.

추명가 12	官星入墓 그대郎君 因緣멀다 恨歎말고, 冲者因緣 찾아보아 百年偕老 해볼세라.
	관성입묘 그대낭군 인연멀다 한탄말고, 충자인연 찾아보아 백년해로 해볼세라.
해 설	정관이 墓에 있으면 그대 남편 인연이 멀어지나, 그 墓 지를 冲하는 인연을 만나면 그 인연이 길어질 수 있다.

官星 入墓(관성 입묘)

남명 기준으로 자식, 여명 기준으로 남편이 입묘 된 상태이므로 墓(묘)를 冲하는 인연을 만날 경우 인연이 길어질 수 있다.

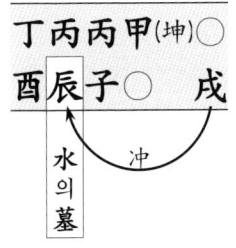

▶日支 辰은 관성인 水의 墓(묘)이므로 冲하는 인연 戌생을 만나면 吉하다.

추명가 13	日干五行 病死庫絕 世上살이 恨歎하고 後悔한들 어이하리 世上이별 걱정이네
	일간오행 병사고절 세상살이 한탄하고 후회한들 어이하리, 세상이별 걱정이네
해 설	일간 오행이 십이운성의 病.死.庫.絕에 있으면 세상일이 한탄스럽고, 후회한들 어찌하겠는가 세상과 이별이 두렵도다.

■용신과 상관없고 일간 오행 그 자체로 대운에서든 사주에서든 '病' '死' '庫' '絕' 운을 만났을 때 그러하다.

■旺相休囚로 보면 '病' '死' '庫' '絕'에 속하는 것이 休(=病,死,庫)와 囚(=絕)인데 囚運보다 休運이 더 나쁘다. 囚運은 십이운성의 絕인데, 絕은 다음을 준비하는 시기이지만, 休運은 몰락을 뜻하기 때문이다.

```
甲 壬 ○ 戊 (乾)
辰 ○ 子 ○
```

▶이 명조는 大運 地支가 病, 死, 庫, 絕운으로 흘러가서 건강과 신상에 항시 유의해야 한다.

◆ 남의 집에서 자라다

추명가 14	日支養支 놓아있어 他家에서 養育되니 이것또한 八字로다. 아이고~ 내八字야.
	일지양지 놓아있어 타가에서 양육되니 이것또한 팔자로다. 아이고~ 내팔자야.
해 설	日支가 십이운성 양지에 있으면 그 사람 다른 집안에서 양육되고, 이것이 팔자이니 원망해도 소용없다.

■십이운성 중 養(양) 대운일 때도 해당된다.
1) 어릴 때는 他家(타가) 양육된다고 해석하고
2) 성인일 때는 누군가의 지원을 받고 보살핌을 받는다고 해석한다.

```
甲 甲 ○ ○ (乾)
子 戌 亥 未
```

▶ 日主 甲木의 십이운성 養(양)은 戌인데 日支에 있다.
타인으로부터 지원이나 보살핌을 받을 수 있다.

제3절 주요신살 통변 활용

추명가 15	刑冲因緣 변화하되 冲者因緣 무난이요. 刑者因緣 원수되니 刑冲구분 엄격하세. 형충인연 변화하되 충자인연 무난이요. 형자인연 원수되니 형충구분 엄격하세.
해 설	刑冲 인연은 변화하는 인연으로 刑과 冲을 구분해야 하며, 刑 자 인연은 벌을 받아 원수가 되니 잘 구분하세.

■刑이 되는가 혹은 冲이 되는가에 따라 통변이 달라진다.
1) 冲이 되는 인연은 무난하고
2) 刑이 되는 인연은 원수가 된다.
刑과 冲을 꼭!!! 구분해야 한다.

冲=水火既濟(수화기제)

冲의 뜻
(1) 어우러지다, 和하다(따뜻하고 부드럽다:Becoming).
  水剋火와는 다른 의미이다.
(2) 和할 冲 字이다. 子午冲은 물과 불이 어우러지는 것이다.
  한류와 난류가 만나는 것이다.
(3) 견우직녀의 만남과 헤어짐 – 난류와 한류의 만남은 冲
  으로 생명이 자라기 좋은 환경이 되어 대어장을 이룬다.

刑

刑이란
(1)형벌을 내리다, 또는 형벌을 받는다라는 의미이다.
(2)아프다, 다치다, 나쁜 일이 발생한다.

☞ 인연법 진여비결 開庫論(개고론)에서
(8)日主入庫(일주입고)하면 開庫定配(개고정배)한다.
(9)配星入庫(배성입고)하면 破庫定配(파고정배)한다.

☞ 因緣法(인연법) 眞如秘訣(진여비결) 成格論(성격론)에서
30)柱中二字(주중이자)이면 合冲定配(합충정배)한다는 공식과 부합된다. 그러나
32)三刑一虛(삼형일허)라도 虛一定配(허일정배)로 비록 인연으로 들어오기는 해도 그 결말이 힘들다.


```
壬丁甲癸(坤)○
寅丑寅丑   子
```
二字:丑
合:子
冲:未

▶柱中二字(주중이자)이면 合冲定配(합충정배)한다.
(1)지지 丑丑과 子가 합하는
(2)壬子생을 만나 첫사랑을 하였다.

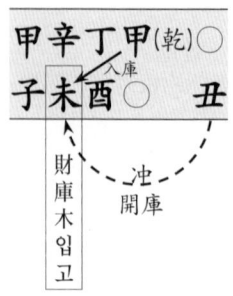

▶配星入庫(배성입고)하면 破庫定配(파고정배)한다.
(1) 재성 甲木이 日支 未에 입고 되었으니
(2) 冲하는 인연 丑생을 만나면 괜찮다.
(3) 단, 명조 내에 戌이 있는 상태에서 丑이 오면 三刑의 인연이 되므로 부부 인연의 결과가 불안하다.

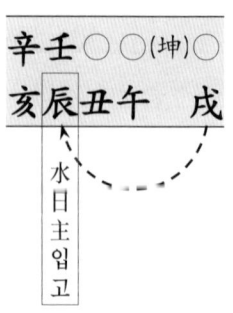

▶壬辰 일주 日主入庫(일주입고)하면 開庫定配(개고정배)한다.
(1) 冲되는 戌생을 만나면 길하다.

◆ 원진살은 상사병의 근원

추명가 16	怨嗔殺에 깃든六神 지랄맞은 因緣몸이 애닯고도 怨望되니, 정신줄은 놓지마소. 원진살에 깃든육신 지랄맞은 인연몸이 애닯고도 원망되니, 정신줄은 놓지마소.
해 설	원진 신살로 된 인연 육신은 사랑이 미움으로 변하여 원망만 남은 인연이다. 괴로운 사랑으로 앓아눕는 상사병도 원진살이 원인이다.

怨嗔(원진) : 子未, 酉寅, 卯申, 辰亥, 戌巳, 丑午

*日支 기준 : 日支가 子라면 未生이나 未月 등 모두 원진이다.

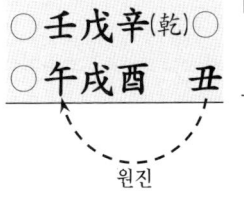
원진

■丑생과 인연하거나 丑年이 되거나 丑月이 될 때 모두 좋지 않다.
→日支 午와 丑은 원진의 관계.

◆ 수족에 이상 있다

추명가 17	春節亥子 夏節卯未 手足이상 있어보고, 秋節寅戌 冬節丑辰 이역시도 어이하나. 춘절해자 하절묘미 수족이상 있어보고, 추절인술 동절축진 이역시도 어이하나.
해 설	급각살이 있는 사주는 수족에 이상이 있는 경우가 많다.

■急脚殺(급각살)의 뜻 = '다리를 전다' 라고 전해지나,
실무에서는 '수족에 이상이 있다' 라는 정도로 보면 된다.

急脚殺(급각살)

月支	寅卯辰(春)	巳午未(夏)	申酉戌(秋)	亥子丑(冬)
急脚殺	亥, 子	卯, 未	寅, 戌	丑, 辰

■急脚殺(급각살)은 원국에 있을 때 해당한다.

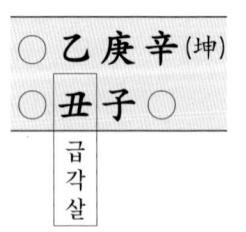

▶日支 丑이 急脚殺(급각살)에 해당한다.
*亥子丑月(冬) : 丑, 辰

◆ 전생 인연

추명가 18	天乙貴人 있다하여 條件없이 좋다마소, 善緣인가 惡緣인가 區分하여 맞이하소. 천을귀인 있다하여 조건없이 좋다마소, 선연인가 악연인가 구분하여 맞이하소.
해 설	천을귀인을 천상 인연이라 하나, 이생에서 원수 악연으로 만날까 두려우니 선악을 구분해서 만나야 할 것이다.

天乙貴人(천을귀인)

日干基準	甲戊庚	乙己	丙丁	辛	壬癸
天乙貴人	丑, 未	子, 申	亥, 酉	寅, 午	卯, 巳

■ 天乙貴人(천을귀인)의 인연을 天上 혹은 전생의 인연으로 흔히 좋다고만 말하지만, 원수로 지내다 지상으로 내려오기도 하므로 무조건 吉緣으로 오해해서는 안 된다.

■ 인연법 진여비결 공식 중 貴人獨行(귀인독행)이면 同伴定配(동반정배)한다.

```
己 癸 庚 乙 (乾)
卯 卯 辰 丑
천을 천을
```

(1) 癸水 日干이니 巳와 卯가 천을귀인인데
(2) 원국에 卯 혼자 나와 있어 卯의 짝인 巳가 인연이 된다란 뜻이다.

◆ 귀한 가문 출신

추명가 19	先天家門 福德여부 金輿祿에 숨어있네, 富貴貧賤 구별말고 世上사람 사랑하소. 선천가문 복덕여부 금여록에 숨어있네, 부귀빈천 구별말고 세상사람 사랑하소.
해 설	금여록은 귀한 분이 타는 금수레라, 세상 사람들 태워서 너그럽게 베푸세요. 그래야 복덕이 온답니다.

金輿祿(금여록)

日干	甲	乙	丙戊	丁己	庚	辛	壬	癸
金輿祿	辰	巳	未	申	戌	亥	丑	寅

■金輿祿(금여록)은 금수레를 말한다.
1) 쉽게 말해서 꽃가마를 탄다고 생각하면 무난하고, 대접 받는 사람이라는 뜻이다.
2) 금여록이 있다고 다 부자는 아니다.
3) 출신 가문이나 집안이 비록 가난했더라도 가문에 복록이 있었는지를 본다.
4) 집안에 권세가 있으니 사람들에게 베풀고 멸시하지 말라는 의미이다.

위치별 금여록

(1) 年支의 금여록
  조상님이 귀한 가문 출신이다.
(2) 月支의 금여록
  부모나 어머니가 귀한 가문 출신이다.
(3) 日支에 금여록
  본인의 신분이 올라가거나 배우자가 귀한 가문 출신이다.
(4) 時支에 금여록
  며느리가 귀한 가문 출신이거나 아랫사람이 귀한 가문 출신이다.

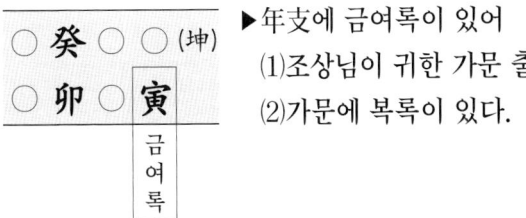

▶ 年支에 금여록이 있어
  (1) 조상님이 귀한 가문 출신이거나
  (2) 가문에 복록이 있다.

◆ 활인업(역술, 의술, 종교)

추명가 20	鐵鎖開金 卯酉戌은 活人業과 因緣있네, 그대才能 貴하노니 世上사람 구제하소. 철쇄개금 묘유술은 활인업과 인연있네, 그대재능 귀하노니 세상사람 구제하소.
해 설	卯酉戌이 있는 사주는 鐵鎖開金(철쇄개금)이라 하여, 활인업으로 의료인, 종교인, 역술인이 적합하다.

■鐵鎖開金(철쇄개금) = 사주 내 卯酉戌이 있으면 역술이나 의술, 종교, 철강업 등과 인연한다.

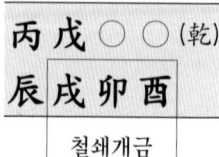

▶年支, 月支, 日支에 차례대로 酉卯戌이 있다.

(1) 의사이다.

추명가 21	羊刃殺에 놓은因緣 活人業에 勸해보고, 不然이면 事件事故 잦아드니 어이할꼬.
	양인살에 놓은인연 활인업에 권해보고, 불연이면 사건사고 잦아드니 어이할꼬.
해 설	羊刃殺이 있는 사주는 사건, 사고와 인연이 많으니 의술이나 무관 직업으로 세상 사람들을 살리는 직업을 해서 사건, 사고를 피해 보자.

■活人業(활인업)이란

활인업은 세상 사람을 구하는 업을 말하는 것으로 무관이나 의술업이 이런 종류에 해당한다.

羊刃의 종류

日干	甲	乙	丙	丁	戊	己	庚	辛	壬	癸	비고
羊刃	卯	寅	午	巳	子(午)	亥(巳)	酉	申	子	亥	설진관식
羊刃	卯	辰	午	未	午	未	酉	戌	子	丑	일반식

羊刃은 祿前一位(록전일위)라 하여 祿의 앞에 위치한 地支를 羊刃(양인)이라 한다.

그러므로 국내는 물론이고 중국, 일본의 역학자들 대부분 乙의 祿이 卯이므로 乙의 羊刃을 辰이라고 한다.

그러나 祿前一位라는 의미는 십이운성에서 유래한 것이고 帝旺이 되는 곳을 羊刃이라 칭하는 것이므로, 양간의 경우

甲의 祿은 寅이고 羊刃은 帝旺이 되는 卯라고 칭하는 것은 수긍이 가지만, 음의 羊刃이 辰이라는 것은 가당치 않은 가설일 뿐이다.

정리하자면 陰 일주는 역행하면서 帝旺이 되는 곳이 羊刃이 되는 것이 타당할 것이다.
그러므로 乙의 羊刃은 辰이 아니라 寅이 되는 것이 타당한 것이며 실제 현장에서도 적중이 되고 있다.
여타 다른 음간도 모두 동일한 이치이다.

■羊刃殺이 있으면
1) 武官, 의사, 군인, 경찰 등의 직업과 인연되거나
2) 그렇시 않으면 다치거나 형사 입건되거나 수술받거나 한다.
3) 또한 식당에서 칼을 쓰는 요리사나 미용실 등 모두 해당된다.

壬癸丁乙 (坤)
子亥丑卯

▶ 日主 癸水가 日支에 亥 羊刃(*앞의 도표에서 설진관식의 羊刃기준)을 두고 있다.
미용실을 운영하고 있다.

추명가 22	辰戌巳亥 놓은因緣 天上에서 받은業緣, 世上사람 活人하세 不然이면 口舌이라.
	진술사해 놓은인연 천상에서 받은업연, 세상사람 활인하세 불연이면 구설이라.
해 설	辰戌 巳亥 천라지망 있는 사주는 활인업으로 종사하여 구설을 피할 수 있다.

辰戌 巳亥=天羅地網(천라지망)

1) 하늘에서 놓은 그물, 덫, 전생의 業, 벗어날 수 없는 것.
2) 천라지망이란
   (1) 하늘과 땅의 그물이란 뜻으로
   (2) 도저히 벗어날 수 없는 경계망이나 피할 수 없는 재앙을 뜻한다.
3) 여기에서 戌亥는 천라, 辰巳는 지망인데 줄여서 라망이라고도 한다.
4) 활인이란
   (1) 종교 신앙과 연관되며 戌亥 역시 천문과 관련되는데
   (2) 혹 천라지망이 구설로 시작해 구속이 될 수도 있다.
5) 원래 辰戌 / 巳亥가 짝이 되는데
   (1) 辰과 巳만 있어도 천라지망이 된다.
6) 사주 내 2개 이상이면 해당된다.

> ### 형사 입건, 감금, 입원, 납치되는 시기
> ①재살운(수옥살운) - 내가 갇히거나 스스로 위축되는 것이다.
> ②식상(자유)이 庫에 들어갈 때이다.
> ③천라지망이 될 때 - 日支에 辰, 戌, 巳, 亥.
> ④日支가 刑, 冲이 될 때 (응용 : 食傷刑)

※추명가 119, 120, 122 번 참고.

■사주 내 이미 辰이 있는데, 대운에서 戌이 오면 천라지망이 된다.

■천라지망에 해당되는 대운 기간에는 조심해야 한다.

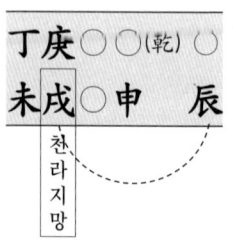

▶日支 戌은 친라인데 戌未刑을 이룬다.
(1)명조 내 戌 천라가 있는데 辰 지망 운이 와서 천라지망이 된다.
(2)따라서 감금, 구속, 입건을 당한다.

```
戊 庚 戊 丙 (乾)
寅 戌 戌 辰
    천라지망
```

▶日支와 他支에 천라지망살을 두면 감금당한다.
(1)日支에 戌 천라지망이 있고 年支에 辰 천라지망이 있어서 감금당한다.
→ 구속, 관재

◆ 치마는 둘렀지만 어머니는 강하다

추명가 23	戊壬庚에 辰戌支는 몸과마음 따로놀아, 노여움과 剛直함은 어찌할수 없나보오. 무임경에 진술지는 몸과마음 따로놀아, 노여움과 강직함은 어찌할수 없나보오.
해 설	戊壬庚과 辰戌 있는 사주는 남자는 여성스럽고 여자는 남성스러우니, 여자가 더 문제이다.

■戊辰, 戊戌, 壬辰, 壬戌, 庚辰, 庚戌 → 魁罡殺(괴강살)
  女命에 더욱 작용한다.

魁罡殺(괴강살)

1) 괴강살이 女命에 있으면 기운이 드세기 때문에 그 남편이 납치, 횡사함이 있게 된다.
2) 그렇지 않으면 그의 남편은 무책임(작첩, 가출 등)하게 되고,
3) 또는 시집 재산이 많다가도 쉽게 탕진한다.

■여자 괴강살은
  겉은 여자로 태어났으나 행동이나 마음은 남자와 같고,
  남자 괴강살은 몸은 남자이나 마음은 여자와 같다.

■그러나 남자 괴강보다 여자 괴강이 더 문제다.
 너무 강직하기 때문이다.

※ 壬戌과 戊辰을 역시 괴강살로 본다.

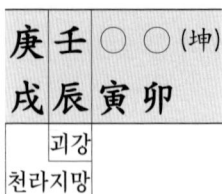

▶日柱 壬辰이 괴강살이며
(1) 日, 時가 辰戌冲에 천라지망까지 겹쳐서
(2) 남편에게 횡액이 깃든다.

◆ 추락, 음해받음을 추리한다

추명가 24	黃蛇白鼠 거짓이요 黑猴青犬 역적이요. 赤兎따라 가다보니 사냥꾼이 놓은 陷穽. 황사백서 거짓이요 흑후청견 역적이요. 적토따라 가다보니 사냥꾼이 놓은함정.
해 설	甲己일巳, 乙庚일子를 만나면 사람을 속이고, 丙辛일申, 丁壬일戌을 만나면 사람을 배반하고, 戊癸일卯를 만나서 따라가면 꼬임을 당하니, 이런 것이 落井關殺이라 기이한 일이 일어나더라.

■甲己(土) 즉 甲己 일간이 巳를 볼 때
 庚乙(金) 즉 庚乙 일간이 子를 볼 때
 丙辛(水) 즉 丙辛 일간이 申을 볼 때
 壬丁(木) 즉 壬丁 일간이 戌을 볼 때
 戊癸(火) 즉 戊癸 일간이 卯를 볼 때
 → 落井關殺(낙정관살)을 뜻한다.

落井關殺(낙정관살)

1) 일간을 기준하여 生日 또는 生時를 대조한다.
2) 우물, 강물, 똥통, 맨홀 및 각종 구덩이 등에 빠져 본다.
 낙정관살이 있고 殺旺하면 익사한다고 한다.
3) 추락하는 경우도 있다.

■위와 같이 해석할 수도 있지만 낙정관살은 아래와 같이 해석하는 것이 현시대에 적합하다.

1)낙정관살이 있을 때 본인이 오해받거나, 사기, 음해, 누명을 쓴다.
  → 모두 내가 당하는 입장이다.

2)낙정관살은 명조 내 日時支에 있을 때 말고도 대운과 세운에서 오는 地支도 볼 수 있다.

3)낙정관살이 되는 띠(인연)를 만나는 것도 눈여겨볼 수 있지만 아직 확립된 것은 아니다.

甲丁○○	(乾)○
辰巳卯丑	戌
	낙정관살

▶丁火 日主가
(1)세운에서 戌年을 맞이하거나
(2)대운에서 戌運을 맞이할 때
  낙정관살에 해당된다.
(3)낙정관살 대운에 해당될 때는 항시 그런 분위기에 젖어 있으니 조심해야 한다.

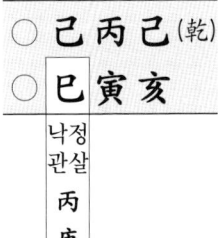

▶사주 내 낙정관살이 있으면
①거기에 해당하는 因子(인자)나 六神(육신)으로부터 배신당한다.
②己土 日主의 낙정관살은 巳이므로 巳의 因子(인자)나 六神(육신) (巳 中 庚金과 丙火)에 의해 오해나 음해를 받는다.

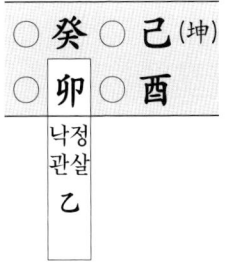

▶日支에 낙정관살이 있어서 사기 결혼당하여 이혼하고 소송 중이다.

◆ 돌싱(이혼, 별거)도 팔자다

추명가 25	孤辰寡宿 乾坤之命 혼자되어 있어보고, 외로운맘 이내신세 뉘와함께 노닐꺼나. 고신과숙 건곤지명 혼자되어 있어보고, 외로운맘 이내신세 뉘와함께 노닐꺼나.
해 설	寅卯辰 : 丑과 巳를 만나거나 巳午未 : 辰과 申을 만나거나 申酉戌 : 未와 亥를 만나거나 亥子丑 : 戌과 寅을 만나면 孤辰寡宿(고신과숙) 이라 혼사가 어렵거나 이별수가 있다.

孤辰寡宿(고신과숙)

寡宿(과숙)	年支	孤辰(고신)
戌	亥子丑	寅
丑	寅卯辰	巳
辰	巳午未	申
未	申酉戌	亥

※고신과숙 : 외롭다. 결혼유무 상관없이 외롭다.
　　　　　　고신과 과숙을 구분하는 것 의미 없다.

고신과숙 대운

1) 특히 바로 직전 지난 대운이 고신이나 과숙이면 그 사람은 현재 홀아비나 이미 과부인 경우가 많다.
2) 고신과숙 대운에 무언가 하려면 어렵고 잘 안 된다. 혼사가 어렵거나 이별수가 있다.
3) 고신과숙 대운일 때 적중률의 체감도가 높고 사주 내에 있는 고신과숙은 체감도가 낮다(모두 年支 기준).

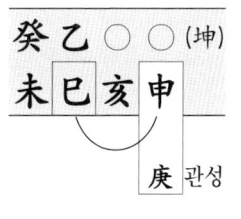

▶연애결혼하고 이혼했다.
(1) 申 中 庚金이 관성 배우자인데 日支 巳와 合,刑되어 있고,
(2) 또 대운마저 未運 과숙 대운에 이르니 이별을 피하기 힘들다.

◆ 서출 인생

추명가 26	日時梟神 놓은男性　庶出人生 많이보고, 日時梟神 놓은女性　子息因緣 멀어지네. 일시효신 놓은남성　서출인생 많이보고, 일시효신 놓은여성　자식인연 멀어지네.
해 설	日時에 梟神 있는 사주에서 남자는 서출 인생이 많고, 여자는 자식을 얻기가 어렵다.

■日時에 梟神(효신)을 놓은 자를 말한다.
1)효자, 효녀가 많다. 어머니가 내 배우자 자리에 있으니 곧 모시고 사는 모습이다.
2)효자이지만 고부간 갈등도 야기한다.
3)모친과의 정이 남다르다. 배우자보다 모친에게 의지한다.
4)女命일 경우 梟神(효신)이 있으면 食傷(식상)을 剋하므로 자식이 귀하기도 한다.

梟神殺(효신살)

甲子, 乙亥	甲子에서 子 中 癸水가 인성 모친이지만 편모와 단둘이 살기 때문에 효신으로 간주한다.

丙寅, 丁卯	寅 중 甲, 卯 중 乙 모두 효신.
戊午, 己巳	戊午나 己巳 역시 위의 甲子와 같은 원리로 午 중 丁火가 인성이지만 효신으로 본다
庚辰, 庚戌	辰 중 戊, 戌 중 戊 모두 효신.
辛丑, 辛未	丑 중 己, 未 중 己 모두 효신.
壬申, 癸酉	申 중 庚, 酉 중 辛 모두 효신.

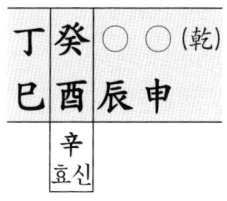

▶日柱가 癸酉로 梟神(효신)이 자리 잡고 있다.
  모친에게 애틋하다.

▶午月 己巳 日柱, 己巳 時柱가 모두 효신으로 자식 생산에 어려움이 있다.

◆ 역마, 지살

추명가 27	驛馬重重 散漫하고 地殺重重 재주많아, 驛馬地殺 分別되니 비슷하다 混同마소.
	역마중중 산만하고 지살중중 재주많아, 역마지살 분별되니 비슷하다 혼동마소.
해 설	驛馬가 겹치면 산만하고 地殺이 겹치면 재주가 많다. 驛馬와 地殺은 엄연히 다르다는 것을 알아야 한다.

■역마가 여럿이면 이리저리 바쁘게 움직이고,
■지살이 여럿이면 여러 업종에 간판을 걸어 본다.
 지살은 나 자신이 사장이 되기 때문에 여러 업종에 간판 거는 것을 재주가 많다고 본다.

地殺(지살)의 개념

(1) 시작, 변화, 돌아다니는 것, 간판, 광고물, 명함, 대표, 전문가, 車 자체, 유형적인 것.
(2) 시작이나 출발점, 동분서주, 쉬지 않고 돌아다니는 것은 역마와 비슷하며 변화가 많음을 뜻한다.

驛馬(역마)의 개념

(1) 말이 달리다, 분주하다, 바쁘다, 이주, 여행, 이동, 발동, 시동 걸리다, 동기 유발하다.

⑵선전, 소리, 언론, 대변인, 중개인, 초인종, 악기, 편지, 이메일, 시동, 이주, 여행, 나들이, 유행, 광고, PR 등.

地殺(지살)과 驛馬(역마)의 차이

⑴地殺(지살):
  有形(간판, 명함 등), 차륜, 전문가, 대표, 작은 변화, 大路.
⑵驛馬(역마):
  無形(광고, 소문 등), 차 운행, 사원, 큰 변화, 작은 길.

* 육해살 : 지름길

▶壬水 日主에서
⑴年干 식신은 甲木이며 年支 寅 지살과 同柱하고 있다.
⑵식상은 내가 하는 일(job)이 되며 간판, 광고물, 직업, 대표가 될 수 있다.
⑶간판을 달 때 방향은 지살 방향인 동북 방향(寅)으로 부착하면 吉하다.

◆ 교통사고, 약물 중독 추리

추명가 28	驛馬刑冲 놓은四柱 交通事故 주의하고, 戊子戊寅 逢寅巳申 藥物中毒 하지마소. 역마형충 놓은사주 교통사고 주의하고, 무자무인 봉인사신 약물중독 하지마소.
해 설	역마가 刑과 冲에 놓이면 교통사고 주의하고, 戊子, 戊寅 일주에 寅巳申 중 하나라도 있으면 약물 중독 위험이 있다.

■원국에 역마살이 刑冲 되어도 해당되고
  만약 원국에 역마살만 있고 세운이 와서 刑冲 되어도 해당된다.
■戊子 戊寅 日柱는 地支 寅巳申을 만나면 약물 중독되어 본다.
  寅巳申 중 하나씩 만나도 해당되고 둘씩 있어도 해당된다.

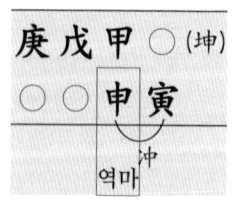

▶원국에 申 역마살이
(1) 寅 지살과 冲을 하고 있으니
(2) 교통사고를 주의해야 한다.
(3) 만약 원국에 申 역마살 하나만 있고
  ① 巳 세운이 오면 그 역시 巳申 刑을 발동시키니
  ② 교통사고를 주의해야 한다.

	戊		○	(乾)
○	寅	○	戌	

▶戊寅 일주 자체이면서
(1) 寅이 坐하고 있으니
(2) 한때 약물 중독(주기적으로 계속 복용하는 약도 해당)경험해 본다.

◆ 부부 화목한가

추명가 29	月殺因緣 맺은夫婦 겉으로는 和睦하나, 夫婦갈등 속내마음 사람들은 모른다네. 월살인연 맺은부부 겉으로는 화목하나, 부부갈등 속내마음 사람들은 모른다네.
해 설	月殺 인연은 간섭하고 괴롭히는 신살로 내심 힘드니, 사람들은 겉만 보고 걱정 없다고 말을 하네.

■십이신살 중 月殺(월살)을 인연으로 맞이하면
1)속으로 힘든 인연이라 보는 것이다.
2)예를 들어 亥卯未생에게 月殺 인연은 丑생이 된다.
  ⑴未생이 丑생을 만나면 속으로 힘들고 괴롭다.
  ⑵상대방을 간섭하고 집착하고 손아귀에 넣으려 한다.
  (※단 의처증이나 의부증과는 구분해야 한다.)

■日支가 月殺(월살)인 경우도 해당되는데
1)亥卯未생이 日支가 丑인 경우이다.
2)日支 月殺(월살)은 누구를 만나건 간에
  ⑴내가 月殺(월살)의 행동을 하거나
  ⑵반대로 月殺(월살)의 기운에 내가 당하기도 한다.
  ⑶마치 보안등, CCTV로 나를 감시하는 것과 비슷한 상황으로 집착하고 간섭하며 손아귀에 넣으려고 한다.

⑷그러나 이 모든 것은 너무 사랑해서 하는 행동으로 月殺의 별칭이 내당마님이기 때문이다.

모든 것을 내가 관리하고 도맡아 하려는 행동에서 나온 것이다.

月殺(월살)의 개념

⑴장애물(장애가 발생하다), 중지되다, 방해되다, 고장나다, 고초살, 에너지가 고갈되었다라는 의미로

⑵간섭하고 사사건건 방해한다. 일의 중단이나 걸림돌이 되고 원만하지 못한 상황이 펼쳐지는 것이다.

⑶또한 모든 것을 도맡아서 하기 때문에 주방 기구나 보안, 전등불, 먹고 자고 하는 것, 편리품, 스위치 등 이렇듯 보살펴 주거나 정신적 의지처까지 다 月殺(내당마님)이 관장한다.

月殺(월살)의 인연

⑴정신적 지주, 나를 지켜 주고 도와주는 사람(먹거리 해결).
⑵나를 위해 의식주를 챙기고 뒷바라지하는 사람.

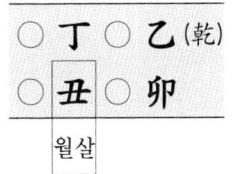

▶亥卯未생으로 日支가 月殺인 丑이다.
⑴日支에 자리하므로
⑵내가 月殺의 행동을 하거나 반대로 그 기운에 내가 당하기도 한다.

▶申子辰생으로 月殺(월살)의 인연은 戌생이다.

(1) 申子辰생들이 戌생을 만나면 나를 지켜 주는 정신적 지주, 도와주는 인연이 되지만

(2) 月殺은 모든 것을 도맡아 하려는 특성으로 상대방을 간섭하고 컨트롤 하려 하기 때문에

(3) 申子辰생들은 그로 인해 피곤하며 남모를 고민에 빠질 수 있다.

◆ 숨기고 싶은 비밀이 있다

추명가 30	桃花殺이 三合되어 近親相姦 羞恥몰라, 道德觀念 모르고요 多重人格 어이하나. 도화살이 삼합되어 근친상간 수치몰라, 도덕관념 모르고요 다중인격 어이하나.
해 설	명조 내 도화살이 포함된 地支가 三合이 되면 厚顔無恥라, 윤리 의식이 약하고 인성적으로 문제가 있어 곤란하다.

■사주 내 도화살인 地支가 三合을 이루면 (대운/세운에서 연결되어도 무방하다)

1)꼭 근친상간한다는 것은 아니나 그 정도로 정이 많고 기교를 부리며 헤프다는 뜻이다.
2)그러나 때로는 근친상간도 서슴치 않기에 厚顔無恥(후안무치)라 보는 것이다.

年殺(연살)=도화살의 개념

⑴살(성욕)이 그립다, 사교적이다, 남녀 간 동석.
⑵고치다(덧칠하다), 가꾸다, 꾸미다.
⑶바쁘다(보조하는 사람, 서빙하는 사람), 팁.
⑷신분 상승의 수단, 단계이다, 신분의 급상승 꿈을 꾼다.
⑸기다린다, 대기한다, 지체된다.
⑹팁을 받기에 항상 돈이 있다.

年殺(연살)의 인연

치장하며 꾸며 주는 사람, 가꾸어 주고 뒷바라지하면서 챙겨 주는 사람.

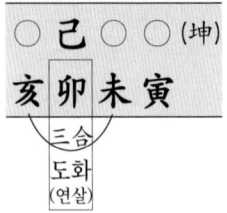

▶寅午戌생으로 年殺(연살)은 卯이다.
(1) 日支에 年殺(연살)이 있고 명조 내 卯가 亥卯未 三合을 이루고 있으므로 정이 많고 마음이 헤프다.

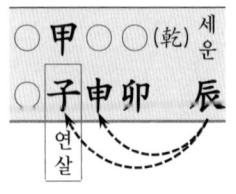

▶亥卯未생에게 年殺(연살)은 子이다.
(1) 비록 명조 내에 三合이 안 되어도 辰年이 되면 申子辰 三合을 이루므로
(2) 그 시기가 되면 근친상간을 안하더라도 그 정도로 부끄러움을 모르고 마음이 헤프다.

◆ 도박, 패륜아를 어떻게 아는가

추명가 31	年殺怨嗔 合緣으로 맺어지니 賭博悖倫, 勞心焦思 사람因緣 절대절대 알수없네. 연살원진 합연으로 맺어지니 도박패륜, 노심초사 사람인연 절대절대 알수없네.
해 설	명조 내 도화살과 원진살이 합으로 연결되면, 도박이나 패륜을 일삼게 되니 사람의 일이란 참 알 수 없다.

■怨嗔 : 子未, 酉寅, 卯申, 辰亥, 戌巳, 丑午

■年殺(=도화살)+원진살이 支合으로 연결되면(대운/세운에서 연결되어도 무방하다) 도박이나 패륜을 일삼는다.

※원진살은 중독성을 나타내므로 하나에 빠져들면 헤어나지 못하고 허덕이는 형국이다.

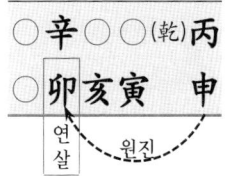

▶寅午戌생에게 年殺(연살)은 卯가 된다.
(1) 日支에 年殺(연살)이 자리잡고 있는데
(2) 丙申년이 되면 卯申 원진살로 연결되고
(3) 日主 辛에게 年殺(연살) 卯中 乙木은 편재가 되므로 도박이라든지 물질적 요소에 중독되어 허덕이게 된다.

◆ 욕구 발동 시기

추명가 32	桃花刑冲 異性관계	淫慾發動 이어지니	桃花年運 善惡區別	되어보면, 명심하소.
	도화형충 이성관계	음욕발동 이어지니	도화년운 선악구별	되어보면, 명심하소.
해 설	도화살에 刑과 冲이 될 때 본능적 욕구가 발동하고 도화 년운에는 이성과 관계가 생길 수 있으니 감정적으로 판단하지 말고 잘 결정해야 한다.			

도화+刑/冲

1) 도화란 욕구를 의미한다.

  그런 도화에 刑이나 冲이 오게 되면 음욕이 발동하게 되는데

2) 음욕이란 性적인 발동으로 본능에 충실하게 되어 이성관계로 이어지니

  (1) 해야 될 것인지 말아야 될 것인지

  (2) 또 좋은 인연인지 나쁜 인연인지 잘 판단해서 결정해야 한다.

  (3) 그러한 감정이 일시적 감정인지 아닌지 잘 판단해야 후회할 일이 생기지 않을 것이다.

  그러기 위해서는 '진여비결 인연법'을 참조하여 현명한 판단을 내리기 바란다.

※추명가 30,31,79,86,88 年殺(=도화살) 설명을 참고.

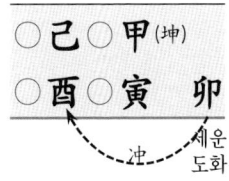

▶寅午戌생에게 도화(=年殺)는 卯가 되는데
(1) 卯年이 오게 되면 日主 己土의 배우자궁인 酉와 冲을 한다.
(2) 도화 연운이 와서 배우자궁과 冲으로 動하게 되니
(3) 이성 관계에 휘말릴 수 있고 자신도 모르게 본능에 따라가는 음욕이 발동될 수 있으니 주의해야 한다. 나에게 다가오는 인연이 선연인지 악연인지 잘 판단해야 한다.

◆ 가정이 무너지다

추명가 33	年入羊刃 不孝子요 月入羊刃 暴力性向, 日入羊刃 鴛鴦새는 不安해서 어이하나. 년입양인 불효자요 월입양인 폭력성향, 일입양인 원앙새는 불안해서 어이하나.
해 설	양인은 상처를 의미하고, 년지는 조상을 의미하므로, 년지에 양인이 있다는 것은 조상에게 상처를 주는 것이 되므로 불효자라고 하는 것이다.

■월지는 성향이나 환경을 의미하는데 월주에 양인이 있으면 폭력을 경험하거나 폭력 성향을 띠는 경우가 있다.

■일지는 배우자 자리가 되는데 일지에 양인이 있다는 것은 배우자와 관련하여 상처를 의미하므로 배우자와의 관계가 불안한 경우가 된다.

■원앙새는 부부의 금슬을 의미한다.

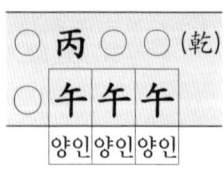

▶이 사주는 공교롭게도 연월일 모두 양인이 배치되었다.

(1) 그래서 어릴 때부터 폭력 성향이 있는 부모 밑에서 엄하게 성장하여 지금은 부모님 계신 고향으로 조상님 제사에 참석도 하지 않는다고 한다.

(2) 일지에 양인이 있어서 배우자 간 한 번 이혼하고 재혼하였다.

◆ 홀로 살아가는 사주

추명가 34	傷官印綬 婚姻않고	聯合하면 獨居生活	剋夫剋子 마디마디	되게되어 고달퍼라
	상관인수 혼인않고	합연하면 독거생활	극부극자 마디마디	되게되어 고달퍼라
해 설	상관과 인수가 함께 있으면 상관이 남편인 관성을 극하고 인수는 자식 식상을 극하므로 남편과 자식 인연이 멀어 혼자 살아가는 경우가 많아 고독하기 그지없다.			

■상관과 인수가 동주하는 등 함께 오는 경우,
상관이 관성을 극하여 남편성 관성이 버티기 힘들고, 다시 인수가 식상을 극하여 자식성인 식상이 버티기 힘든 상황이 된다.
그래서 혼인을 하지 않고 홀로 사는 여성이나, 혼인 후 이혼하여 홀로 사는 경우가 이런 유형에 해당한다.

◆ 사랑에 실패한 사람

추명가 35	差錯孤鸞 놓은그대 晚婚이면 成婚이나, 初婚이면 不安하니 어이할꼬 어이할꼬. 차착고란 놓은그대 만혼이면 성혼이나, 초혼이면 불안하니 어이할꼬 어이할꼬.
해 설	일주에 차착이나 고란이 있으면 만혼이 되어서야 성혼이 되고, 초혼이면 불안하다.

孤鸞殺(고란살)

(1) 孤鸞殺(고란살)은 독수공방을 뜻하는 殺이다.
(2) 甲寅, 乙巳, 丁巳, 辛亥, 戊申 日柱는 고란살에 해당한다.
(3) 고란살을 놓은 日柱는
  ① 일찍 결혼하면 실패할 경우가 많으므로
  ② 혼사가 늦을수록 좋다.
   혼사가 늦다는 것은 통상의 결혼 적령기를 넘어선 시기를 말한다.

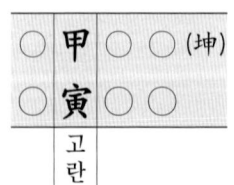

▶甲寅 日柱로 고란살에 해당된다.
(1) 일찍 결혼하면 실패할 경우가 많으므로
(2) 늦게 결혼하는 것이 서로 헤어지지 않고 해로할 수 있다.

陰陽差錯殺(음양차착살)

(1) 음양차착살의 뜻

　외삼촌, 처남이 고독한 것을 뜻한다.

(2) 음양차착살의 종류

　① 陽差殺: 丙子, 丙午, 戊寅, 戊申, 壬辰, 壬戌
　　　　　　陽에 속하는 자
　② 陰錯殺: 丁丑, 丁未, 辛酉, 辛卯, 癸亥, 癸巳
　　　　　　陰에 속하는 자

(3) 음양차착살의 작용

　日, 時에 해당되는 경우에만 적용한다.

　① 生日에 있으면 본인과 외삼촌이 고독하거나, 배우자 인연이 약하다.
　② 時柱에 있으면 자식, 처남이 고독하고 처가 식구가 외롭다.
　③ 日柱가 차착살이면 결혼이 늦거나 만혼이 길하다.

甲	癸	壬	己 (坤)
寅	亥	申	○
고란살	차착살		
시가			

▶ 日柱는 차착살이고, 時柱는 고란살에 놓였다.

(1) 日과 時에 차착, 고란살을 놓아
(2) 시가 식구 중에 결혼에 실패하거나 외로운 이가 있다.

◆ 속가와 인연이 멀어지네

추명가 36	孤辰寡宿 華蓋殺과 日時놓아 僧徒인연, 孤辰寡宿 驛馬日時 홀홀단신 타향이다. 고신과숙 화개살과 일시놓아 승도인연, 고신과숙 역마일시 홀홀단신 타향이다.
해 설	(고신, 과숙)+화개=고신살과 과숙살은 홀애비나 과부가 된다는 것인데, 그 자리에 천문과 종교성인 화개가 함께 있다면 승도와 인연이 있다고 한다. (고신, 과숙)+역마=고신과숙에 역마가 함께 있다면 홀홀단신 떠돌아다니는 방랑객이 된다.

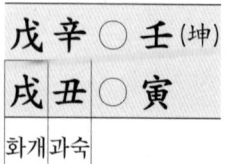

▶ 日支에 丑 과숙이 있고 時에 戌 화개를 놓아 승도의 인연이 되었다.

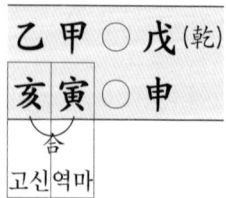

▶ 日支 역마 寅과 時支 고신 亥가 합하고 있다.
독신으로 서울, 부산 등지를 떠돌아다니는 자유의 몸이다.

◆ 12신살 구조

추명가 37	누가감히 神殺없다 막말하나 十二神殺, 十二運星 創造命理 실천하는 捷徑이요. 누가감히 신살없다 막말하나 십이신살, 십이운성 창조명리 실천하는 첩경이요.
해 설	십이신살과 십이운성은 내 운명을 창조해서 실천하는 시발점에 있다. 그러니 십이신살과 십이운성을 잘 공부하면 운명을 개척하는 첩경에 이른다.

■십이신살

십이신살

年支	겁살劫殺	재살災殺	천살天殺	지살地殺	연살年殺	월살月殺	망신亡身	장성將星	반안攀鞍	역마驛馬	육해六害	화개華蓋
寅午戌生	亥	子	丑	寅	卯	辰	巳	午	未	申	酉	戌
巳酉丑生	寅	卯	辰	巳	午	未	申	酉	戌	亥	子	丑
申子辰生	巳	午	未	申	酉	戌	亥	子	丑	寅	卯	辰
亥卯未生	申	酉	戌	亥	子	丑	寅	卯	辰	巳	午	未

■십이신살 구성과 별칭

(출처:박일우 명리학 강론)

별칭	역모주동자	역모동조자	임금	외무대신	시녀	내당마님	왕솔형제	내무대신	내시	문공대신	수문장	자문관
십이신살	겁살 劫殺	재살 災殺	천살 天殺	지살 地殺	연살 年殺	월살 月殺	망신 亡身	장성 將星	반안 攀鞍	역마 驛馬	육해 六害	화개 華蓋
寅午戌	亥	子	丑	寅	卯	辰	巳	午	未	申	酉	戌
巳酉丑	寅	卯	辰	巳	午	未	申	酉	戌	亥	子	丑
申子辰	巳	午	未	申	酉	戌	亥	子	丑	寅	卯	辰
亥卯未	申	酉	戌	亥	子	丑	寅	卯	辰	巳	午	未
	君(군)				臣(신)				民(민)			

■ 十二神殺(십이신살)의 요약 및 응용법
십이신살 요약 정리

십이신살	별칭			작 용	
겁살	전복, 개선, 수리	역모 주동 자	반역자	차압, 압류, 수리, 치료, 쿠데타, 개혁, 재개발, 개선.	파기(破棄): 부수다. 없애다.
재살	이중성, 총명	역모 동조 자	밀고자	이중적 모습, 자기 실리주의. 비밀을 잘 아는 사람, 빽을 가지고 있다.	모사(謀士): 일을 꾸미다. 모사 행위.
천살	권위 마비	임금		종교물은 치워라, 권력, 배경 승진, 엄벌(말년 권력 누수 현상), 깜짝 놀랄 일, 마비 상태, 형벌, 구설, 말더듬, 건강 악화.	행제(行祭): 제사 지내다, 통치 행위.
지살	간판, 대표	외무 대신	어마	대표, 간판, 알림장, 명함 사장, 광고업, 인쇄업, 자동차:有形	조명(照明): 빛을 밝혀 준다, 주위 조명
연살	중복, 팁	시녀		꾸미다. 가꾸다. 신분 급상승, 각색, 디자인, 바쁘다. 대기, 지체, 기다림, 팁(용돈), 마님 눈치를 본다.	세척(洗滌): 세탁, 깨끗이 하다(일을).
월살	상속, 월급	내당 마님	장애물	월급, 상속, 증여, 식단, 감시. 午(연살)+未(월살)=항상 월살의 감시를 당하고 있다. 午未合은 불안한 合이다.	감시(監視): 보안등, 가로등. CCTV. 경비회사(관성+월살). 눈치.

망신	상속, 전문가	왕솔 형제	격전지	불만, 恨(한), 전쟁터, 상속, 화장실(바지 내리는 곳).	배기(排氣): 내뿜다. 恨. 불만 토로.
장성	치안, 중심	내무 대신	힘센 장사, 충신	치안, 법, 나를 지켜 주는 곳, 경계, 문이 나면 안 된다. 중심 역할, 내 몸을 갈고 닦는다 (학업 중단). 봉사.	견제(牽制): 경계하다.
반안	금고, 은닉	내시	갑옷, 장신구	보디가드, 보좌관, 수행 비서, 나를 도와주는 사람, 비밀 금고, 나의 자금과 비밀을 지켜 준다. 분실물을 찾을 수 있다.	관통(貫通): 연결하다. 도와 주는 것. 결혼상담소.
역마	소문, 정보, 문화, 예술	문공 대신	전용차	소문, 유행, 정보, 광고, 통신, 뉴스, 인터넷:無形의 전달 매체. 식상+역마=광고, 언론인.	이동(離動): 이동. 막 쓰는 차. 우체국.
육해	목걸이, 매이다.	수문장	사역부, 마부	最一線, 임시적, 스피드, 급전, 벼락치기 공부, 임시 애인, 임시방편, 응급 처치.	단축(短縮): 단축. 임시. 급전.
화개	반복, 再(재)	자문관	참모	다시, 반복, Again. 화개+식상=예전에 하던 일을 다시 한다.	재생(再生): 재회.

※지살, 역마, 육해 구분

지살:대로, 대표, 간판, 사장
육해:지름길, 임시직
역마:소로, 골목길, 월급 사장

■십이신살의 위치에 따른 통변법을 이해한다.

겁살	재살	천살	지살	연살	월살	망신	장성	반안	역마	육해	화개
君(군)				臣(신)				民(민)			
통제, 통치를 주도. * 남편이 君, 처가 臣, 民 이면 바람직하다. (동행이면 괜찮다)				중재를 주도.				생산 공급 * 봉급자가 民에 가면 생산직이라고 볼 수 있으니 결국 좌천을 뜻한다. 단, 사업가는 吉하다. (생산이기 때문이다)			

(1) **여명**-군위 → 남편이 없다, 남편 무능력(이별, 사별, 별거).
　　 (君位) → 남편의 경제 능력 부족, 일신 건강 약화.
　　　　　 → 여자가 가권을 잡게 된다.

(2) **남명**- 군위 - 통솔, 통제 주도 - 이상적 공부(역학, 종교)
　　　　 신위 - 중재 주도　　　　 - 학문과 실전의 중재 공부
　　　　 민위 - 일선, 생산, 공급 - 실전적 공부

(3) **월급쟁이**는 君에서 民으로 떨어지면 좌천, 파직, 해임을 당하게 된다(무능, 실업자). 臣에서 民으로 떨어지는 것은 큰 차이가 없다. 사업가가 君에서 民으로 내려 오는 것은 생산 활동이 늘어나는 것을 뜻함.

아들 딸 구분하여 출산

(1) 득남 시 : 반안살 활용

(남편 기준)

남편의 머리를 반안살 방향으로 두고 동침할 경우 득남한다.

(2) 득녀 시 : 천살 활용

(남편 기준)

남편의 머리를 천살 방향으로 두고 동침할 경우 득녀한다.

제4절 공망의 속성

추명가 38	없는五行 空亡된者 因緣없다 速斷말고. 두눈떠서 다시보니 다른경우 많이본다.
	없는오행 공망된자 인연없다 속단말고. 두눈떠서 다시보니 다른경우 많이본다.
해 설	四柱 내 없는 오행이 있거나 空亡이 있다 하여 미리 속단 말고, 四柱를 면밀히 살펴보면 얼마든지 달라질 수 있는 경우가 많다.

■사주 내 水 오행이 없으니 水가 필요하다, 혹은 空亡이 水라는 등 없는 것을 없다고 말하지 말라.
1) 空亡을 '비어 있고 망했다' 라고 하여 실패하고 작살난 것으로 해석하여
   (1) 재성이 空亡이면 재물이 비어 있고 실패하고 안 된다.
   (2) 관성이 空亡이면 직장, 명예가 비어 있고 망하여 실패하고 안 된다 등으로 의미를 정의한다.
2) 그러나 空亡은 하나의 단어가 아니고 '空'과 '亡' 두 단어로 된 것이다.
   (1) 空은 '비어 있다 없다' 라는 글의 의미가 아니라 원래의 뜻인 '끊임없다 무한대'로 영원불멸의 뜻이다.
   (2) 亡은 '아쉬움, 미련' 이라는 것으로 '끊임없이 추구, 갈망하고 아쉬워하고 미련을 갖는다' 라는 뜻이다.

▶비겁이 空亡이면 형제, 동료, 자존감에 대해 끊임없이 추구, 갈망하고 아쉬움, 미련을 갖는다.
▶식상이 空亡이면 표출, 표현하는 것에 대해 끊임없이 추구, 갈망하고 아쉬움, 미련을 갖는다.
▶재성이 空亡이면 재물이나 여자에 대해 끊임없이 추구하고 갈망하며 아쉬움과 미련을 갖는다.
▶관성이 空亡이면 직장, 명예에 대해 끊임없이 추구, 갈망하고 아쉬움과 미련을 갖는다.
▶인성이 空亡이면 학업, 학문에 대해 끊임없이 추구, 갈망하고 아쉬움과 미련을 갖는다

■일반적인 이론은 관이 空亡이면 관, 벼슬, 명예와 인연이 없어 안 된다 하는데 고위직, 검찰 고위직, 군 장성(명예) 등에서 관성 空亡인 사람들이 많다. 끊임없이 더 높은 자리를 갈구하기 때문이다.
■空亡은 '없다' 라는 편견으로 단정하지 말고 '아쉬움, 미련을 갖는다' 라는 뜻이라는 것을 잊지 말길 바란다.

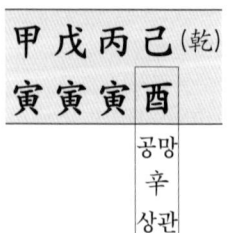

▶日柱 기준으로 申酉 空亡이다.
(1) 즉 식신과 상관이 空亡이 되므로
(2) 표출, 표현하는 것에 대해 끊임없이 추구하고 갈망하고 미련을 갖게 된다.
(3) 열심히 하고 타인의 인정을 받아도 본인은 만족하지 못한다.

제5절 사주 명리학의 구조

추명가 39	日干中心 나를잡아 年柱祖上 家門살펴, 月柱父母 兄弟까지 두루두루 살펴보세. 일간중심 나를잡아 년주조상 가문살펴, 월주부모 형제까지 두루두루 살펴보세.
해 설	日干을 중심으로 년주 월주 일지 시주의 차례대로 조상과 부모 형제, 배우자 등을 볼 수 있으므로 사주 네 기둥은 인간 세상사 모든 것을 담고 있다.

■ 사주의 내면 구조(궁위)

시주	일주	월주	년주
서	남	동	북
실	화	묘	근
가게, 점포	방	건물	토지
자식, 배우자 (처가, 시댁)	나, 배우자	부모 형제 (친가)	조상
부하 직원	본인	중견 간부, 연결책	사장
자식 방,창고,화장실 등	안방	마당, 거실	대문
후세	현세	업연(業緣)	전생
뒷배경, 이곳, 도구(또는 교통수단)	주변	원거리+근거리	원거리
우(右)		좌(左)	
우 . 앞	우 . 뒤	좌 . 앞	좌 . 뒤

제6절 희기론의 원리

◆ 한눈에 보는 용신법

추명가 40	強한것을 抑制하고 弱한것을 生助하나, 太强太弱 맞은것은 從勢로써 喜用한다. 강한것을 억제하고 약한것을 생조하나, 태강태약 맞은것은 종세로써 희용한다.
해 설	사주의 강약을 나누어 강한 것은 억제하거나 설기 해야 하고, 약한 것은 생조해 주어야 길하다. 만일 강한 것이 지나친 경우 강한 오행을 거스러지 말고 강한 오행을 따르는 것이 길하고, 약한 것이 지나친 경우 약한 오행을 거스러지 않고 약한 오행을 따르는 것이 길하다.

■사주 명리학의 격용법은 다양하다.

여기서는 억부론을 중심으로 내격, 외격에 대한 용신법을 공개하니 실무에 적극 활용하기 바란다.

■ 내격(內格)

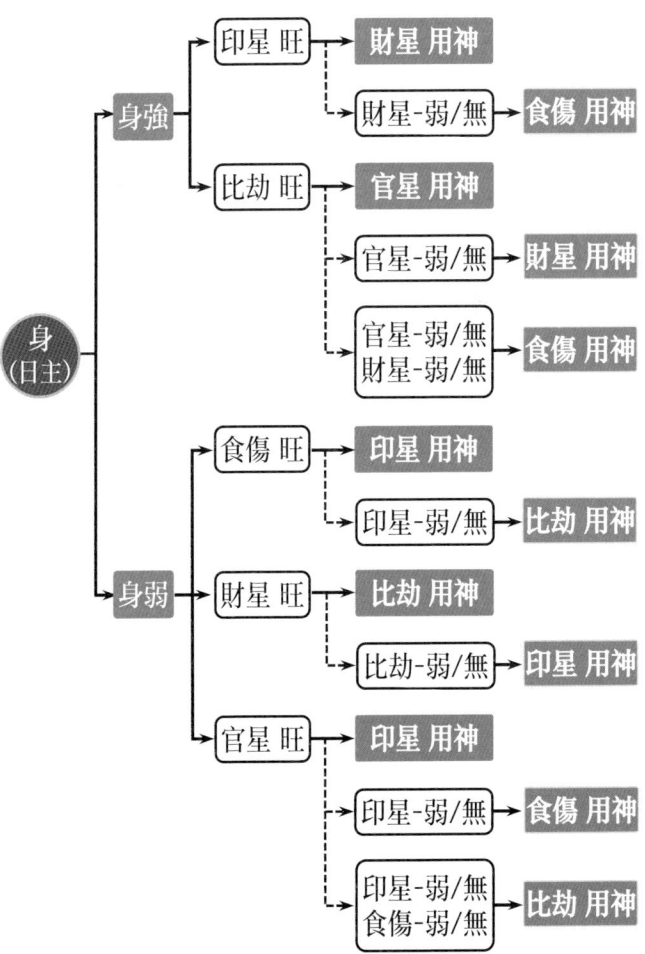

■ 외격(外格)

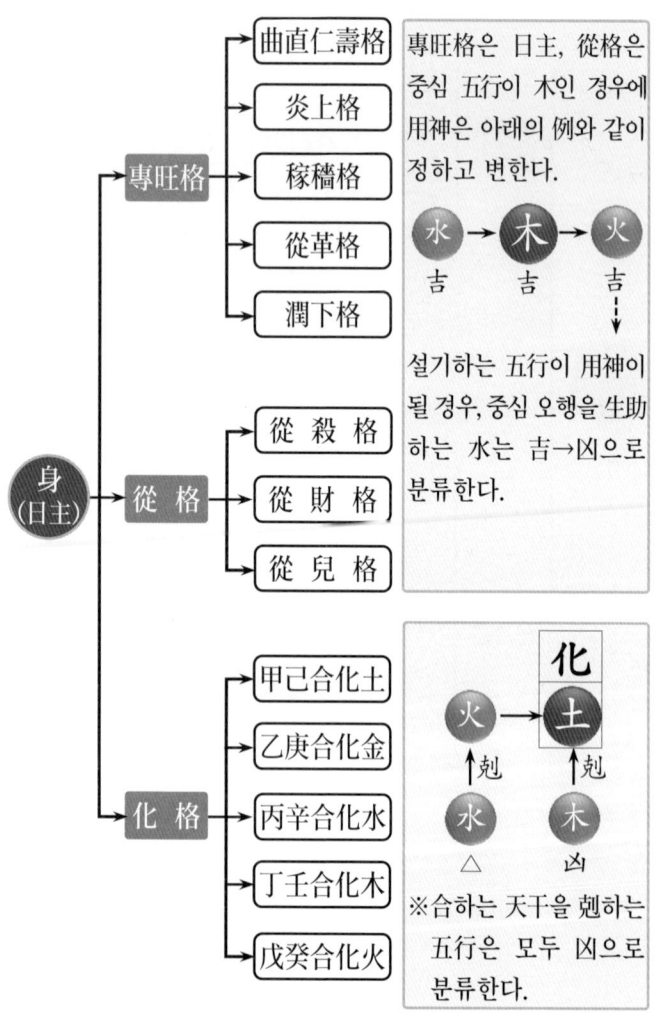

◆ 대운 간법

추명가 41	天干地支 천간지지 大運天干 대운천간	同伴往來, 동반왕래 地支運行 지지운행	分離하여 분리하여 함께觀察 함께관찰	觀察마소, 관찰마소, 마땅하오. 마땅하오.
해 설	천간과 지지는 분리되지 않고 함께 진행되는 것이므로 분리하지 말고 한 줄기로 관찰해야 한다.			

■干支는
1) 천간은 지지를 따라 운행하는 것이 되므로 간지가 분리되는 경우는 없다.
2) 흔히 사주 대운을
  ⑴ 천간과 지지를 5:5, 7:3, 3:7로 나누는 것이 보통이다.
  ⑵ 그러나 천간과 지지를 분리하지 않고 한 몸통으로 10년 대운이 지배한다고 논하는 것이 타당하다.

◆ 용신과 수명

추명가 42	用神喜神 長壽하고 忌神短命 단정마라, 喜忌神에 사람壽命 左之右之 않더이다. 용신희신 장수하고 기신절명 단정마라, 희기신에 사람수명 좌지우지 않더이다.
해 설	다수의 용신 희신으로 장수를 말하거나 기신으로 단명을 논해서는 안 된다. 사람의 수명은 희기신으로 단정할 수 없다.

■흔히 명리 서적을 보면

1) 용신과 희신운이 되면 수명이 길어지거나 사망하지 아니하고, 기신이나 흉신이 되는 때에 사망한다고들 한다.

2) 그렇지만 용희신에 편안하게 사망하는 경우를 많이 경험했고, 기신이나 흉신운임에도 사망하지 않는 경우도 숱하게 경험했다.

3) 그러므로 용희신 그리고 기흉신으로 사람의 수명을 판단하는 오류를 범하지 말기를 바란다.

제7절 절기 심천과 조후론

◆ 절기 심천가

추명가 43	四柱命盤 펼쳐들고 月支節氣 深淺으로, 自然神秘 그려지니 그곳에서 비밀캐소. 사주명반 펼쳐들고 월지절기 심천으로, 자연신비 그려지니 그곳에서 비밀캐소.
해 설	月節氣 深淺에서 格도 잡고 조후도 잡는다. 신강 신약 역시 月節氣가 중요하다. 조후론을 논하기에 앞서 절기 심천가에 대한 깊은 이해가 필요하다.

■節氣深淺歌(절기심천가)

寅月	立春(입춘)一日에 火方生(화방생)하여 雨水之中(우수지중)에 木正榮(목정영)이라.
	立春(입춘)이 되면 寅월이다. 당연히 木旺(목왕)이지만 입춘 초기에는 겨울의 寒氣(한기)를 완전히 후퇴시키므로 丙火가 방생한다. 雨水(우수)에 木氣(목기)가 무성하게 된다.
卯月	驚蟄春分(경칩춘분)에 皆論木(개론목)이나 其中輕重(기중경중)이 재삼순(在三旬)이라.
	驚蟄(경칩)이 되면 卯월이다. 木旺節이므로 이므로 木氣(목기)가 純旺(순왕)하겠지만, 초순 중순 하순으로 경중이 三旬(삼순)으로 되어있다.

	초순에는 木氣(목기)가 가볍게 旺(왕)하며, 중순에는 점차 旺(왕)하고, 하순에는 重(중)한 정도로 旺(왕)하다.
辰月	淸明候木水方聚(청명후목수방취)요 穀雨(곡우)에 水土兩存形(수토양존형)이라.
	淸明(청명)이 되면 辰月이다. 木이 旺(왕)한 春節(춘절)이면서 마지막 달이므로 土氣(토기)가 旺하고 水氣(수기)도 있다고 한다. 그러나 穀雨(곡우)가 되더라도 아직은 水氣를 머금고 있으므로 濕土(습토)가 존재한다고 한다.
巳月	立夏候土(입하후토) 中旬金(중순금)이요 小滿之時(소만시시)에 丙火用(병화용)이라.
	立夏(입하)가 되면 巳월이다. 이때는 여름철인 火旺節(화왕절)이므로 火氣(화기)가 강성하지만, 立夏(입하)초기에는 陽土(양토)와 陽金(양금)이 득세하고, 小滿(소만)에는 丙火(병화)가 작용한다.
午月	亡種之中(망종지중)에 火土旺(화토왕)이요 夏至(하지) 陽極陰始生(양극음시생)이라.
	亡種(망종)이 되면 午월이다. 여름의 火氣(화기)가 강세를 떨칠 때이므로 丙(병)丁(정) 모두가 旺(왕)하지만 초순 중순에는 丙火(병화)와 己土(기토)가 強旺(강왕)

	하며, 하순에는 丁火(정화)가 強盛(강성)하고, 夏至(하지)가 되면 陽(양)이 極(극)에 이르는 반면 陰(음)이 始生(시생)한다.
未月	小暑一交(소서일교)에 木存形(목존형)이요 大暑之時(대서지시)에 土最旺(토최왕)이라.
	小暑(소서)가 되면 未月이다. 木氣(목기)의 형체가 남아있어 生氣(생기)를 띠고, 大暑(대서)에는 토기(土氣)가 가장 왕성하다.
申月	立秋候土(입추후토) 金自旺(금자왕)이요 處暑時來(처서시래) 水方生(수방생)이라.
	立秋(입추)가 되면 申月이다. 立秋(입추)로부터 5일 동안은 여전히 지난 달의 老炎(노염)이 남아 있으나 점차로 金氣(금기)가 왕성해지게 된다. 그리고 處暑(처서)가 지나면 서서히 水氣(수기)가 방생하기 시작한.
酉月	白露秋分(백로추분)에 金自旺(금자왕)이니 上中下旬(상중하순)을 仔細祥(자세상)이라.
	白露秋分(백로추분)에는 金氣(금기)가 절로 매우 강하다. 초순, 중순, 하순 모두 자세히 살펴보아라.
戌月	寒露七日(한로칠일)에 尚言金(상언금)이요 霜降之後(상강지후)엔 火土聚(화토취)라.

	한로가 되면 戌월이다. 土旺(토왕)월이 된 것이나 7일은 역시 金氣(금기)가 살아 있고, 霜降(상강)이 되면 火와 土가 強勢(강세)를 얻기 시작한다.
亥月	立冬(입동)五日에 方用水 小雪(소설)에 木氣(목기) 始能生(시능생)이라.
	立冬(입동)이 되면 亥월이다. 水氣(수기)가 가득하다. 小雪(소설) 때면 木氣(목기)가 생한다.
子月	大雪(대설)에 水凍(수동) 陰正極(음정극)이요 동지에 陽生 火堪論(화감론)이라.
	大雪(대설)이 되면 子월이다. 이때에는 水生(수생)하여 陰(음)이 極(극)에 이르고, 양생(陽生)하는 冬至(동지)에는 一陽(1양)이 始生(시생)하여 火氣(화기)가 生長(생장)하기 시작한다.
丑月	小寒(소한)에 火絶却言水(화절각언수)요 大寒(대한)에 金土兩存形(금토양존형)이라.
	小寒(소한)이 되면 丑월이다. 陰寒(음한)이 마지막 위세를 떨치므로 火氣는 쇠약하며, 水는 매우 旺(왕)하다. 大寒(대한)이 되면 金과 濕土(습토)가 모두 강성하다.

◆ 한눈에 알아보는 조후론

추명가 44	寒暖燥濕 繪畵四柱 그려본후 生剋制化 살펴보면, 그대命運 고스란히 보이나니. 한난조습 회화사주 그려본후 생극제화 살펴보면, 그대명운 고스란히 보이나니.
해 설	자연의 변화와 조후가 우선되고 다음으로 생극제화 살피면 사람의 명운이 사주팔자에 다 나오므로 순응하고 살아갑시다.

調候用神原理(조후용신원리)

■ **調候(조후)**

寒暖(한난) 燥濕(조습)의 기후를 치우침이 없이 고르게 하는 것이다.

1) 冷寒(냉한)하면 溫暖(온난)하게 - 추우면 따뜻하게
2) 溫暖(온난)하면 冷寒(냉한)하게 - 더우면 시원하게
3) 燥熱(조열)하면 潤濕(윤습)하게 - 마르면 윤습하게
4) 潤濕(윤습)하면 燥熱(조열)하게 - 습하면 조열하게

調候 用神表(조후 용신표)

日	月	寅	卯	辰	巳	午	未	申	酉	戌	亥	子	丑
甲	용신	丙	庚	庚	癸	癸	癸	庚	庚	庚	庚	丁	丁
	희신	癸	丙丁戊己	丁壬	丁庚	庚丁	丁丙	丁壬	丁丙	丁甲壬癸	丁丙戊	庚丙	庚丙
乙	용신	丙	丙	癸	癸	癸	癸	丙	癸	癸	丙	丙	丙
	희신	癸	癸	丙戊	甲	丙	丙	癸己	丙丁	辛	戊	甲	甲
丙	용신	壬	壬	壬	壬	壬	壬	壬	壬	甲	甲	壬	壬
	희신	庚	己	甲	庚癸	庚	庚	戊	癸	壬	戊庚壬	戊己	甲
丁	용신	甲	庚	甲	甲	壬	甲	甲	甲	甲	甲	甲	甲
	희신	庚	甲	庚	庚	庚癸	庚壬	庚丙戊	庚丙戊	庚戊	庚	庚	庚
戊	용신	丙	丙	甲	甲	壬	癸	丙	丙	甲	丙	丙	丙
	희신	甲癸	甲癸	丙癸	丙癸	甲丙	甲丙	甲癸	癸	丙癸	甲	甲	甲
己	용신	丙	甲	丙	癸	癸	癸	丙	丙	丙	丙	丙	丙
	희신	庚甲	丙癸	甲癸	丙	丙	丙	癸	癸	丙癸	甲戊	甲戊	甲戊
庚	용신	戊	丁	甲	壬	壬	丁	丁	丁	丁	丁	丁	丙
	희신	甲壬丙丁	甲庚丙	丁壬癸	戊丙丁	癸	甲	甲	甲丙	壬	丙	丙甲	丁甲
辛	용신	己	壬	壬	壬	壬	壬	壬	壬	壬	壬	丙	丙
	희신	壬庚	甲	甲	甲癸	己癸	庚甲	甲戊	甲	丙	戊壬甲	壬戊己	
壬	용신	庚	辛	甲	壬	癸	辛	戊	甲	甲	戊	戊	丙
	희신	丙戊	戊庚	庚	辛庚癸	庚辛	丁	庚	丙	丙庚	庚	丁甲	
癸	용신	辛	庚	丙	辛	庚	庚	丁	辛	辛	庚	丙	
	희신	丙	辛	辛甲	庚	辛壬癸	辛壬癸	丙	丙	甲壬癸丁	辛戊	辛	丁

112

조후론을 이해하는 key!

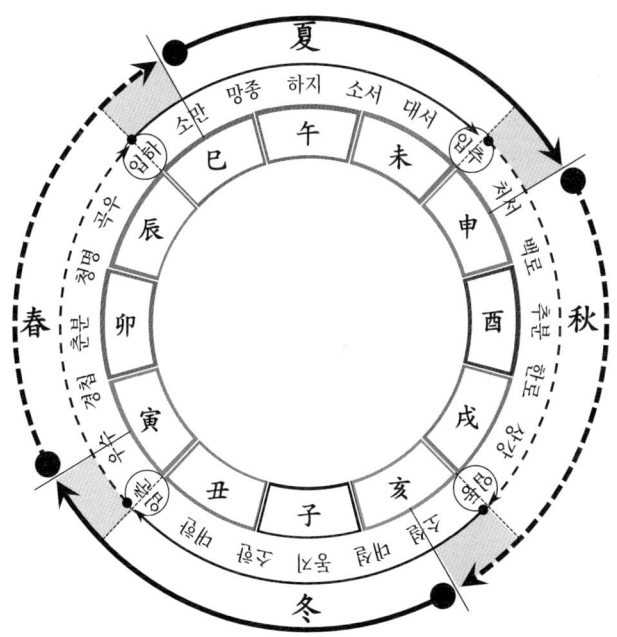

- 보통 亥子丑을 겨울로 보는데, 亥의 절반 중 뒷부분부터 寅의 절반 앞부분까지 겨울로 보자. 나머지도 같은 원리이다.
 (즉, 중절기를 기준으로 계절을 나눠 보는 원리이다)
- 12지지의 배치는 그대로 두고, 계절을 이렇게 보아야만 비로소 조후론이 완전 이해가 될 것이다.

제8절 조후론의 숨은 통변

추명가 45	申月乙木 金多無水 夭折運命 우려되고, 寅月丙火 多金無火 酒色放蕩 어이하리. 신월을목 금다무수 요절운명 우려되고, 인월병화 다금무화 주색방탕 어이하리.
해 설	申月생 乙木에 金이 많고 水가 없는 사주는 요절할 운명이라 안타깝고, 寅月생 丙火에 金氣가 많고 火氣가 없으면 주색 방탕하다.

■申月 乙木 日主가

사주 내 金이 많고 水가 없다면 목숨이 짧으니 안타깝다.

■寅月 丙火 日主가

사주 내 金이 많고 陽氣(=木, 火氣)가 없다면 金氣를 제어하지 못하니 술 마시고 돌아다닌다.

辛乙甲乙 (坤)
巳酉申丑

▶水氣가 없는 申月의 乙木이
(1) 地支가 巳酉丑 金局으로 기운이 모여 있으며
(2) 時干에 辛金까지 透하였다.

己丙庚辛 (乾)
丑辰寅酉

▶火氣가 없는 寅月의 丙火가
(1) 年, 月干에 透干된 庚金 辛金과
(2) 酉 중의 辛金으로 둘러 쌓여있다.

추명가 46	午月丙火 戌月丙火	庚壬竝透 陰氣不出	旺火抑制 下格夭折	權力高官, 運命일세.
	오월병화 술월병화	경임병투 음기불출	왕화억제 하격요절	권력고관, 운명일세.
해 설	午月생 丙火가 庚과 壬이 나란히 투간되면 旺한 火 기운을 억제하여 높은 자리에 출세하고, 戌月생 丙火가 金水 기운이 없으면 하격으로 요절하기 쉽다.			

■午月에 태어난 丙火가

庚金과 壬水가 나란히 透干 되면 旺한 火가 억제된다. 그러면 고위직 사람이다.

■戌月에 태어난 丙火가

陰氣(=金, 水氣)가 없으면 格이 떨어지고 요절하기 쉽다.

```
○ 丙 壬 庚 (乾)
○ 辰 午 ○
```

▶午月의 丙火가
(1) 年, 月干에 庚과 壬이 있어 旺한 火氣를 억제하니
(2) 고위직에 유리하다.

```
乙 丙 甲 己 (乾)
未 ○ 戌 未
```

▶戌月의 丙火가
(1) 사주 내 金, 水氣가 없고 조열하니
(2) 고달픈 인생이다.

추명가 47	未月丁火 不透甲壬 이름따로 실속따로, 申月丁火 庚金獨行 내당마님 家權實勢.
	미월정화 불투갑임 이름따로 실속따로, 신월정화 경금독행 내당마님 가권실세.
해 설	未月 丁火가 甲과 壬이 없으면 그 이름을 제대로 펼칠 수 없고, 申月 丁火가 甲 없이 庚이 투간되면 그 부인이 가권을 쥐고 있다.

■未月에 태어난 丁火가

甲木이 없고 壬水도 없으면 뜻을 제대로 펼칠 수가 없다.

■申月에 태어난 丁火가

甲木이 없는 가운데 庚金만 透干되면 부인이 주도권과 실세를 쥐고 그 부인에게 끌려다닌다.

```
丙 丁 己 戊 (坤)
午 ○ 未 ○
```

▶未月에 태어난 丁火가
(1) 甲木과 壬水 모두 없으니 뜻을 펼치기 힘들다.

```
戊 丁 庚 戊 (坤)
申 ○ 申 ○
```

▶申月에 태어난 丁火가
(1) 甲木이 없고 庚金만 透하여
(2) 그 庚金의 기세가 등등하다.

추명가 48	寅月戊土 火局水缺 僧徒運命 틀림없고, 非僧이면 不成이니 어찌할꼬 그대팔자.
	인월무토 화국수결 승도운명 틀림없고, 비승이면 불성이니 어찌할꼬 그대팔자.
해 설	寅月 戊土가 火氣 넘치고 水가 없으면 僧道 운명으로 가고, 僧이 아니면 이루어지는 것이 없으니 어찌하겠는가?

■ 寅月에 태어난 戊土가

火氣가 局을 이루고 水가 없으면 그 강한 火를 제어해 줄 수 없으니 승도의 팔자인데(→ 여기서 火局이라는 것은 寅午戌 三合만을 얘기하는 것이 아니라 火氣가 旺하다는 표현이다.)

승도의 길에 들지 않으면 되는 일이 없으니 어찌할까?

```
甲 戊 丙 己 (乾)
寅 午 寅 ○
```

▶寅月에 태어난 戊土가
(1) 일점 水氣가 없으니
(2) 승도의 팔자로다.

추명가 49	辰月己土 丙癸竝透 安樂福面 因緣되며, 巳月己土 陽氣充滿 癌疾患을 조심하소. 진월기토 병계병투 안락복면 인연되며, 사월기토 양기충만 암질환을 조심하소.
해 설	辰月 己土가 丙과 癸가 투간되면 안락하고 복 있는 사람과 인연이 되고, 巳月 己土가 木火 氣運이 넘치면 癌 질환을 조심해야 한다.

■辰月에 태어난 己土가 인연되고
■巳月에 태어난 己土가 陽氣(=木, 火氣)가 충만하면 癌 질환을 조심해야 한다.
 (→ 巳月의 己土 자체도 陽氣가 旺한데 사주 內 陽氣마저 충만하면 위험성이 높다.)

丁己丁○ (乾)
卯卯巳午

▶巳月에 태어난 己土가
(1) 사주 내 木, 火氣가 많아서
(2) 암 질환을 조심해야 한다.

추명가 50	未月庚金 陽氣充滿 胃腸大腸 어찌할꼬, 丑月庚金 不見火氣 이부자리 冷冷하다.
	미월경금 양기충만 위장대장 어찌할꼬, 축월경금 불견화기 이부자리 냉냉하다.

해 설	未月 庚金이 陽 기운이 넘치면 胃腸 大腸 질병이 생길 우려가 있고, 丑月 庚金이 火가 없으면 腎腸 膀胱 질환 염려스럽다.

■未月에 태어난 庚金은

陽氣가 충만하니 위장, 대장 질병이 생기기 쉽고(→ 물론 午月도 陽氣가 旺하지만 특히 未月의 庚金은 陽氣가 더욱 충만하다.)

■丑月에 태어난 庚金이

火氣가 없으면 신장, 방광에 문제가 있다. 소변을 참지 못하거나 자주 화장실 간다.

```
丙 庚 ○ ○ (乾)
戌 午 未 午
```
▶未月에 태어난 庚金이라
(1)陽氣가 충만한데 火氣까지 극열하여
(2)위장, 대장 질병이 두렵다.

```
乙 庚 癸 壬 (乾)
酉 申 丑 ○
```
▶丑月에 태어난 庚金이
(1)일점 火氣가 없고 꽁꽁 얼어붙었으니
(2)신장, 방광에 이상 있다.

추명가 51	亥月庚金 甲丙오고 丁火暗藏 되어있어, 武官八字 되어보니 나라위해 忠誠하소. 해월경금 갑병오고 정화암장 되어있어, 무관팔자 되어보니 나라위해 충성하소.
해 설	亥月에 출생한 庚金이 甲과 丙을 함께 보고, 지장간에 丁火가 암장되어 있는 경우에 武官직으로 진출하여 출세하는 사람이 많다.

■亥月에 태어난 庚金이
1)甲木과 丙火가 있고 丁火가 地支에 暗藏되어 있다면
2)武官 팔자다.
※丁火가 透干 되어도 상관없지만 暗藏된 것이 좋다.
  사주 내 丙丁火 모두 조후가 되어서 좋다.

▶午 중의 정관 丁火가 암장되어 있고
  天干에 丙火, 甲木이 있으니
  직업 군인이다.

추명가 52	寅月辛金 丙火보면 武官으로 出世하고, 巳月辛金 壬癸不見 獨居老人 걱정된다.
	인월신금 병화보면 무관으로 출세하고, 사월신금 임계불견 독거노인 걱정된다.
해 설	辛金이 寅月에 나서 丙火가 透干 되면 軍,警,檢으로 출세하고, 辛金이 巳月에 나서 壬癸水가 透干이 되지 않으면 자식이 없거나 있어도 홀로 지낸다.

■ 寅月에 태어난 辛金이

丙火를 보면 武官으로 출세한다(*武官이란 무예, 검찰, 경찰, 군인, 교도관 등의 직업군을 뜻한다).

■ 巳月에 태어난 辛金이

壬癸水가 사주 내 透干 되지 않으면 자식이 없거나 자식이 있어도 부양받지 못한다.

```
○ 辛 丙 己 (乾)
○ ○ 寅 酉
```

▶寅月에 태어난 辛金이
(1) 月干에 丙火가 透干 되니
(2) 경찰관이 되었다.

```
庚 辛 己 甲 (坤)
寅 ○ 巳 ○
```

▶巳月에 태어난 辛金이
(1) 天干에 壬癸水가 보이지 않으니
(2) 자식이 있어도 홀로 지낸다.

추명가 53	卯月壬水 日時土金 敎育言論 立身하고,
	午月壬水 庚癸兩存 考試登科 出世하소.
	묘월임수 일시토금 교육언론 입신하고,
	오월임수 경계양존 고시등과 출세하소.
해 설	壬水가 卯月에 나서 日柱와 時柱에 土와 金이 만나면 교육계나 언론계에 종사하고, 壬水가 午月에 나서 庚金과 癸水가 같이 透干되면 고시 공부하여 출세한다.

■ **卯月에 태어난 壬水가**

日柱와 時柱에 土와 金이 있다면 교육, 언론 방면으로 이름이 나고,

■ **午月에 태어난 壬水가**

天干에 庚金과 癸水 둘 다 있으면 고시 공무하여 고위직에 올라간다.

戊 壬 辛 丙 (乾)
申 戌 卯 ○

▶ 卯月에 태어난 壬水가
(1) 日支 戌 중 戊土, 時干의 戊土, 時支 申 중에 庚金 등 土와 金을 모두 갖추고 있어서
(2) 교육가의 命이다.

癸 壬 庚 甲 (乾)
卯 ○ 午 ○

▶ 午月에 태어난 壬水가
(1) 月干에 庚金, 時干에 癸水가 透干되어
(2) 고위직과 인연 있다.

추명가 54	酉月壬水 泰山不備 有識者나 가난하오, 子月壬水 丙戌不見 努力하나 不成이라. 유월임수 태산불비 유식자나 가난하오, 자월임수 병무불견 노력하나 불성이라.
해 설	壬水가 酉月에 나서 戊土가 透干 되지 않으면 글공부만 하고 살기가 힘들다오. 壬水가 子月에 나서 丙火와 戊土가 透干 되지 않으면 노력의 대가를 얻기가 힘들다.

■酉月에 태어난 壬水가

태산과 같은 戊土가 天干에 透干 되지 않으면 글공부를 많이 한 학자이나 가난을 면치 못한다.

■子月에 태어난 壬水가

天干에 丙火와 戊土가 透干 되지 않으면 노력은 하지만 되는 게 없다.

```
壬 壬 癸 甲 (乾)
子 ○ 酉 ○
```

▶酉月에 태어난 壬水가
(1) 天干에 戊土가 없고 比劫까지 透干 되었으니
(2) 가난을 면치 못한다.

```
辛 壬 庚 辛 (坤)
亥 ○ 子 ○
```

▶子月에 태어난 壬水가
(1) 天干에 丙火와 戊土가 없고 寒氣만 가득하니
(2) 노력에 비해 성과가 없다.

추명가 55	寅月癸水 丙辛兩立 少年登科 家門榮光, 卯月癸水 庚辛不見 美的感覺 特出하오. 인월계수 병신양립 소년등과 가문영광, 묘월계수 경신불견 미적감각 특출하오.
해 설	寅月 癸水가 丙火 辛金이 같이 透干 하면 어린 시절 공직 시험에 합격하여 가문을 빛낸다. 卯月 癸水가 庚 辛金이 透干 되지 않으면 美術的 재능이 뛰어나다.

■寅月에 태어난 癸水가

天干에 丙火, 辛金이 있다면 일찍이 관직이나 공직 사회 혹은 회사에서 자리를 잡는다.

■卯月에 태어난 癸水가

天干에 庚辛金이 없다면 예술적 감각이 특출나다.

辛	癸	丙	甲	(乾)
酉	○	寅	○	

▶寅月에 태어난 癸水가
(1) 月干에 丙火 時干에 辛金이 透干 되었으니
(2) 어린 나이에 공직 사회와 인연이 되었다.

戊	癸	乙	癸
午	卯	卯	○

▶卯月에 태어난 癸水가
(1) 天干에 庚辛金이 없으니
(2) 예술가의 命이다.

제9절 육신 통변

◆ 돈거래, 동업 조심하소

추명가 56	比劫重重 놓은그대 金錢去來 하지마소, 빌려줄때 앉아주고 받을때는 서서받네.
	비겁중중 놓은그대 금전거래 하지마소, 빌려줄때 앉아주고 받을때는 서서받네.
해 설	비겁이 겹쳐 있는 사람은 금전 거래를 조심하라, 빌려 줄 때는 앉아서 편하게 빌려 주지만 받을 때는 애를 먹어 서서 받는다. 떼이는 경우도 많다.

■비겁과 동업을 하지 말고 비겁을 직원으로 두어서 아랫사람으로 부린다. 群劫爭財(군겁쟁재)와 내용이 일치한다.

▶비겁이 많으면 재성을 剋한다.
  재성은 재물이다.
  (1)여자 사주에서는 財(재)즉, 돈과 재물이 모이지 않고 흩어진다고 본다.
(2)남자 사주에서는 비겁이 많으면 재물, 여자가 온전하지 못하다고 본다.

추명가 57	比肩因緣 同業하되 劫財因緣 同業말고, 比肩劫財 다르나니 부디부디 銘心하소. 비견인연 동업하되 겁재인연 동업말고, 비견겁재 다르나니 부디부디 명심하소.
해 설	비겁이 겹쳐 있는 사람은 금전 거래를 함부로 하지 마라, 그대 받을 돈은 뜬구름처럼 사라져 후회할 것이다.

비견

善, 본능, 나의 본래 생각, 나눠 주는 마음, 아깝지 않다, 자의적, 나 스스로 결정한다.

겁재

惡, 이기적, 나와 반대되는 생각, 근본에서 변화된 생각, 계산된 것, 타의적, 타인에 의해 결정된다.

```
○ 壬 丙 乙 (坤)
○ 子 子 卯
```

▶日主 壬水의 겁재 인연인 癸丑생을 만나 동업하면 재물이 흩어진다.

◆ 아버지의 바람기

추명가 58	比劫많은 四柱八字 그대父親 女難이요, 엄마엄마 슬퍼마소 우리끼리 살아가세. 비겁많은 사주팔자 그대부친 여난이요, 엄마엄마 슬퍼마소 우리끼리 살아가세.
해 설	비겁 많은 사람은 아버지의 여자관계로, 어머니가 마음고생으로 밤잠 못 자고 아버지를 기다리는 것을 암시한다.

```
丙 丁 丁 戊 (乾)
午 卯 巳 辰
```

▶비겁이 많다는 것은
  ①이복형제가 있다고 말하는데
    그렇지 않은 경우가 많다.
  ②이복형제 있다고 말하지 말고
"아버지가 애인이 많네", "네 아버지 여자 친구 많았네", "네 아버지는 여자가 많아서 네 엄마가 고생을 많이 했다" 고 한다.

비겁 多

아버지의 애정사(여자가 많다) → 어머니의 고생.

비겁 多

지지나 지지 기반이 많다(본인) → 인기가 많다.

◆ 매력 있는 여성

추명가 59	傷食多逢 추근대는	놓은女性 男性많아	多才多能 人氣많다	하다하나, 착각마소.
	상식다봉 추근대는	놓은여성 남성많아	다재다능 인기많다	하다하나, 착각마소.
해 설	상관 식신이 많은 여성은 재주 많고 능력 있으나, 남자관계 복잡하여 자신이 인기 많은 사람이라고 착각하지 말고 신중해야 할 필요가 있다.			

■식상이 많다는 것은 재능이 많고 주변에서 사람들을 끄는 매력이 있다. 본인이 상대방을 선택한다.

	性 에너지	性 파트너
남자	관성	재성
여자	식상	관성

※출처:진여명리강론
(신수훈 저)

己丙己戊(坤)
丑寅未辰

▶식상은 관성을 훼한다.
(1)여자 사주에서 식상은 자식, 관성은 남자이기에 남자운이 약하고 출산 후 남자와 이별수가 있다고 본다.
(2)현대 사회에서는 다 출산하지 않는다. 생산과 관련되어 말하지 말고 "너 애인 많이 두었네, 남자관계가 복잡하다"라고 하면 된다.
식상이 많다면 여자분 당사자의 애정사이다.

◆ 장인의 바람기

추명가 60	多逢食傷 그대丈人 갈곳많은 팔자라네, 부디부디 가시는길 여자만은 조심하소. 다봉식상 그대장인 갈곳많은 팔자라네, 부디부디 가시는길 여자만은 조심하소.
해 설	식신 상관이 많은 사람의 장인은 초대하는 이 없어도, 색정으로 난처할 수 있다.

■남자 기준

1) 본인 사주의 인수 → 장인
2) 본인 사주의 식상 → 장모(혹은 장인의 애인)
3) 남자 사주에 식상이 많으면
   (1) 조부의 애정사다.
   (2) 처갓집에서는 장인이 된다. 인수가 처갓집에서 장인이다.
   (3) "너의 장인은 화려했네, 너의 장인에게 여자 친구가 많았네" 하고 통변을 하면 된다.

식상 多

1) 여명:
   본인 애정사(자식이 많으니) → 남자관계 복잡.
2) 공통:

할아버지 애정사(조모가 많으니) → 여자관계 복잡.
3)남명:
장인의 애정사(장모가 많으니) → 여자관계 복잡.
4)많은 곳을 집적거린다.
오라는 곳은 없어도 갈 곳은 많다.

```
辛 乙 丙 乙 (乾)
巳 巳 戌 卯
```

▶男命 사주에 식상이 많다.
 ①특히 日, 時支에 식상(巳中丙火)이 있으니
 ②처갓집과 관련되어 장인어른의 애정사를 엿볼 수 있다.

◆ 낳아 준 아버지는 누구인가

추명가 61	財星많은 八字因緣 그아버지 누구인가, 돌아오는 어버이날 슬피울고 앉았구나. 재성많은 팔자인연 그아버지 누구인가, 돌아오는 어버이날 슬피울고 앉았구나.
해 설	재성 많은 사람의 인생을 보면 그 아버지가 누구인지, 모르는 사람이 간혹 있으니 가슴 아픈 일이로다.

■본인 사주 기준으로 財星多逢(재성다봉)이면 어머니가 여럿 남성과 인연 되는 것을 많이 경험한다.

○ 丙 辛 戊 (乾)
○ 申 酉 申

▶재성이 많은 경우를
(1)모친의 애정사라고 하는데
(2)모친의 애정사를 건드리면 안 된다.
 "너 엄마가 바람 많이 피웠네"
 하는 상담은 자제하라.
(3)위 명조는 재성이 많으니 어머니의 애정사를 알 수 있다.

재성 多

(1)어머니의 애정사 → 남자관계 복잡.
(2)어머니의 애정사는 건드리지 마라.

◆ 사주에 재성이 약한데

추명가 62	官星많은 젊은總角 女子없다 허풍마소, 많은女性 因緣되니 善緣인가 惡緣인가. 관성많은 젊은총각 여자없다 허풍마소, 많은여성 인연되니 선연인가 악연인가.
해 설	관성 많은 젊은 총각 여자 없다고 장담하지마라. 많은 여성을 만나야 할 운명이니 좋고 나쁨을 이야기하겠는가.

■남자 사주에서 재성만으로 여자와 인연이 있다 없다 등 속단하지 마라.
官이 많은 것 즉 자식이 많다는 것은 여자가 많다는 것을 암시힌다.

편관		편관	
甲	戊	戊	甲	(乾)
寅	寅	辰	寅
甲	甲	乙	甲
편관	편관	정관	편관

▶天干에 甲木 2개가 있고 寅 中 甲木, 辰 中 乙木이 있어,
(1) 즉 관성이 많으니
(2) 본인의 애정사가 복잡함을 알 수 있다.

■관성 多 남명:
본인의 애정사(자식이 많으니) → 여자관계 복잡.

◆ 관살 많은 여성은 과연 나쁜가

추명가 63	官星많은 젊은妻子 사립짝문 박차나가, 벼슬길로 나아가니 乘勝長驅 얼씨구나. 관성많은 젊은처자 사립짝문 박차나가, 벼슬길로 나아가니 승승장구 얼씨구나.
해 설	관성 많은 젊은 여성은 조직 사회로 진출하여, 출세 가도에 있으니 얼마나 좋은 운명인가.

■여자 사주에 관성이 많으면

1) 남자와 인연은 많으므로 남자가 많은 직장(군인, 경찰 등)에서 근무하기도 한다.
2) 관살혼잡이나 관성이 많은 사주는 조직이나 관직으로 나갈 경우 관살혼잡의 폐단을 면하기도 한다.
3) 조직 사회에 적합하다.

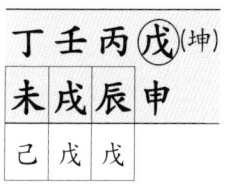

▶年干 戊土, 辰 중 戊土, 戌 중 戊土, 未 중 己土 등 관성이 많으므로 조직 사회에 적합한 구조다.

◆ 부친은 호색가

추명가 64	印星많은 四柱보니 그대父親 好色家라, 世上사람 모르지만 하늘아래 거짓없다. 인성많은 사주보니 그대부친 호색가라, 세상사람 모르지만 하늘아래 거짓없다.
해 설	인성 많은 사주 보면 부친의 여성관계가 복잡한 사람이라, 세상 사람은 몰라도 하늘은 다 알고 있다.

■인성이 많은 경우

인성이 많다는 것은 아버지(재성)의 여자가 많음을 의미하나 아버지가 뭇 여성과 인연이 많았다고 판단한다.

戊	庚	戊	丙	(乾)
寅	戌	戌	辰	
	戊	戊	戊	

▶天干에 戊土가 2개가 있고
 (1) 辰 중 戊土 戌 중 戊土 2개 있어 인성이 많으니 모친 외 모친이 많다.

인성 多

부친의 애정사(어머니가 많으니) → 여자관계 복잡.
아버지가 호색가, 세상 사람은 몰라도 하늘은 다 알고 있다는 뜻이다.

제3장 궁위와 육신 통변

제1절 조상을 분석하다

◆ 가족 간 불화

추명가 65	年月刑冲 梟財刑冲 祖父不和 各居하고, 日月刑冲 怨嗔된자 父母兄弟 義傷하리. 년월형충 효재형충 조부불화 각거하고, 일월형충 원진된자 부모형제 의상하리.
해 설	년과 월이 형충이거나 인성과 재성이 형충되면 조부모와 부모 간 불화하여 따로 살고, 일과 월이 형충되어도 부모 형제 간 의가 상하여 왕래가 적은 경우가 많다.

■年·月柱가
1)刑 혹은 冲을 하거나 편인, 재성이 刑 혹은 冲을 하면
2)부친과 조부가 不和(불화)한다.

■日·月柱가
1)刑 혹은 冲을 하거나 서로 원진이 되면
2)부모 형제와 의가 상한다.

원진(怨嗔)

子未, 酉寅, 卯申, 辰亥, 戌巳, 丑午
(*日支 기준 : 日支가 子라면 未가 원진이다.)

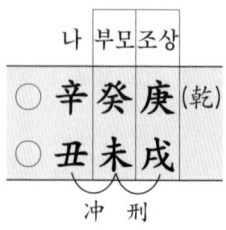

▶年月支가 戌未刑을 하니
(1) 부친과 조부가 不和한다.
(2) 게다가 日月支도 丑未冲을 하고 있으니 고향을 등지고 멀리 떠난다.

추명가 66	日月刑冲 父母不和 그언제나 孝道할꼬, 婚姻因緣 맺은이래 姑婦갈등 있어보네. 일월형충 부모불화 그언제나 효도할꼬, 혼인인연 맺은이래 고부갈등 있어보네.
해 설	日月柱가 刑이거나 冲이 있으면 부모와 자식이 이별하니 효도가 어렵고, 日支가 배우자궁이 되니 혼인으로 배우자가 생기면서 月支 부모궁과 불화하여 고부 갈등이 있는 것이다.

■부모궁과 나의 궁이 刑 또는 冲이 되므로 나와 부모의 인연이 멀어지고, 부모와 나의 배우자 간 불화가 있기도 한다.

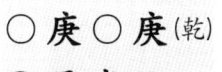

▶日月支가 辰戌冲을 하고 있으니
(1)일찍이 고향 떠나 各居(각거)하여
(2)부모님을 찾아뵙기 힘들다.

▶日月支가 寅巳刑을 하고 있으니
(1)결혼 후 처가 고부 간 갈등으로
(2)처가 자살했다.

추명가 67	日年刑冲 되고나니 祖上恩惠 背恩忘德, 키워봤자 소용없네 지랄맞은 人間世上. 일년형충 되고나니 조상은혜 배은망덕, 키워봤자 소용없네 지랄맞은 인간세상.
해 설	日年支가 刑이나 冲이 있으면 조상에게 입은 은덕을 잊고 저버리니, 자식이 자라서 조상을 제대로 모시지 않는 사람이 될 것이다.

■ 日年支가 刑 혹은 冲이 되면

조상 제사에 가지 않거나 제사에 무관심하거나 소홀하다.

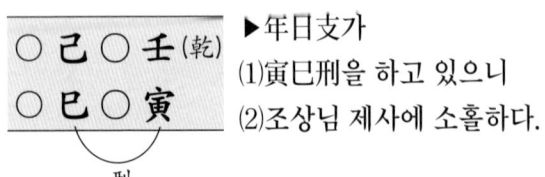

▶ 年日支가
(1) 寅巳刑을 하고 있으니
(2) 조상님 제사에 소홀하다.

추명가 68	甲申癸未 戊寅丁亥	癸丑壬戌 억울하게	壬辰辛巳 世上등진	庚午己卯, 어른있소.
	갑신계미 무인정해	계축임술 억울하게	임진신사 세상등진	경오기묘, 어른있소.

해 설	甲申, 癸未, 癸丑, 壬戌, 壬辰, 辛巳, 庚午, 己卯, 戊寅, 丁亥 日柱는 조상님 중에 억울하게 돌아가신 분이 계신다.

■옛부터 구전으로 내려오는 것으로 日柱 기준으로 보면 적중되는 경우가 많으니 실무에 참고해 보기 바란다.

○	丁	○	乙	(乾)
○	亥	○	未	

○	庚	○	戊	(乾)
○	午	○	戌	

▶두 명조는 형제 사이로
(1) 일제 시기 때 안타깝게도 조부가 열차에 치여서 일찍 돌아가셨다.
(2) 각각 丁亥, 庚午 日柱로 위에 예시를 든 日柱들과 일치한다.

제2절 부모와 나의 인연 풀이

◆ 모친의 자유연애

추명가 69	印星財星 暗合된자 그의母親 自由戀愛, 月支桃花 亡身된자 그대人生 庶出人生. 인성재성 암합된자 그의모친 자유연애, 월지도화 망신된자 그대인생 서출인생.
해 설	인성과 재성이 暗合된 사주는 그 모친이 자유연애했고, 월지에 도화가 있거나 망신살이 있는 사주는 그 모친이 첩이다.

▶月干 癸水가 인수인데
 (1)巳 中 戊土 재성과 暗合(암합)하고 있다.
 (2)어머니의 애정사로 볼 수 있다.

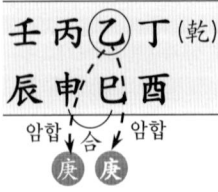

▶丙火 日主의
 (1)재성인 申 中 庚金, 巳 中 庚金이 인수인 月干 乙木과 서로 暗合(암합)하고 있다.
 (2)재성(아버지)이 좌우에서 일주를 향해 합하여 오는 경우로써

페이지 216

도표 마지막 (묘[墓])삭제

페이지 244

아래 도표 마지막(재성->관성)으로 수정

페이지 296

육신 구조도(여명 기준)

시부애인(癸 상관-> 정재)로 수정

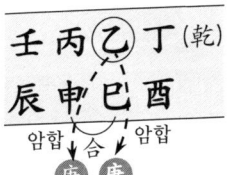

(3) 모친의 결혼 생활이 불안하거나 모친에게 남자 친구가 있는 경우가 된다.

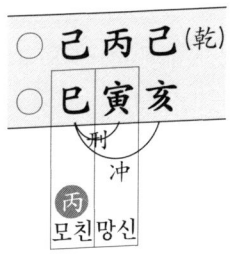

▶月支 寅이 망신살로 모친이 재취이고 나는 후처 소생이다.
*月支+망신살=모친 재취
 (1) 月支 모친 자리가 망신살이므로 모친이 실패했다는 것이다.
 (2) 또한 巳 모친성에서 보면 寅巳 刑이 되고 부부궁이 巳亥冲으로 각각 刑冲되어 2번 결혼했다.

◆ 모친과 남자

추명가 70	正印正財 合緣되고 偏財星이 破剋되면, 어머니가 自由戀愛 내아버지 누구인가. 정인정재 합연되고 편재성이 파극되면, 어머니가 자유연애 내아버지 누구인가.
해 설	정인(어머니)과 정재(어머니의 애인)가 地支로 연결되어 합연을 이루고 편재(아버지)성이 약하면, 어머니가 바람날 수 있어 누구를 아버지라 불러야 하나.

■ 正印(정인)은 어머니이고, 正財(정재)는 어머니의 애인이다.
1) 地支로 연결되어 합연을 이루거나 同柱하게 되면
2) 어머니의 연애를 추측할 수 있다.
3) 이런 경우 낳아 준 아버지와 어머니의 애인(남자)사이에서 누구를 아버지라 불러야 할지 난감한 상황이 올 수 있음을 의미한다.

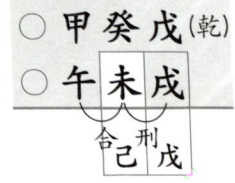

▶月干에 癸水는 모친이고
  (1) 坐支하고 있는 未中己土는 정재로 모친의 애인이다. 서로 同柱하고 있는 데다
  (2) 日支 午와 未가 合을 이루고 있다.
  (3) 더욱이 年支 戌과 月支 未가 刑되어 있으니, 누구를 아버지로 불러야 할지 난감한 상황에 이른다.

추명가 71	財多身弱 母親따라	左右合身 東家西宿	母親戀愛 남의집에	시련많고, 자라본다.
	재다신약 모친따라	좌우합신 동가서숙	모친연애 남의집에	시련많고, 자라본다.
해 설	여러 곳에 재성이 합이 되는 사주는 부친이 많으며, 재성이 많은 신약사주는 나는 어리고 약한데 부친이 많은 것으로 이 역시 부친이 많은 사주다.			

■**財多身弱(재다신약)은**

1)나는 어리고 약한데 財星(재성)이 많으므로
2)내 부친 외 남의 부친 밑에서 어린 시절을 보낸다고 추리한다.

■**좌우로 財星(재성)이 일주와 합되어 들어오면**

1)여기에도 저기에도 내 아버지가 있다는 뜻이다.
   (1)일주와 꼭 합하지 않더라도 주 중에 좌우로 財星(재성)을 많이 놓이게 되면 그러한 경우가 많다.
   (2)財多身弱(재다신약) 역시 비슷한 경우로 볼 수 있다.
2)財星(재성)은 부친이 되는데 좌우에서 合身(합신)하면
   (1)이 아버지와 저 아버지가 나와 합하는 상이라
   (2)다른 부친과 생활해 본다고 추리한다.

▶財多身弱하여
  (1)어릴 때 부친을 여의고
  (2)모친 따라 타가에서 지낸 사주다.

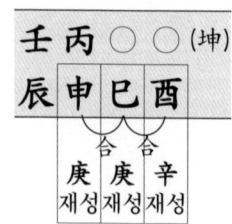

▶丙申 일주로 日支에 財星(재성)을 놓고
(1)좌우로 財星(재성)을 合身(합신)하여
(2)의부 밑에서 자란 사주다.

추명가 72	左右印星 合身되면 모두모두 어미라니, 多逢印綬 된者라도 그런因緣 겪어본다.
	좌우인성 합신되면 모두모두 어미라니, 다봉인수 된자라도 그런인연 겪어본다.
해 설	사주에 여러 인성이 合이 되는 사주는 여러 어머니를 모시게 되고 사주에 인성이 많아도 어머니가 여럿 있는 상이다.

■인성이 좌우에서 合身하게 되면

1) 이 어머니와 저 어머니가 나와 合하는 상이라
 ⑴다른 모친을 인연해 본다고 해석한다.
2) 특히 日支 인성을 놓고 他柱(타주) 인성과 合身(합신)하면
 ⑴母 外 有母가 있다고 추리한다.

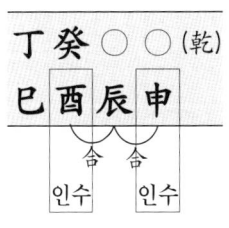

▶日支에 인수를 놓고
 ⑴좌우에 인수가 合身(합신)하여
 ⑵母 外 有母가 있는 사주다.

	인수	인수	
○	庚	己	己 (坤)
戌	申	巳	○
戊 편인			

▶多逢印綬(다봉인수)에
 ⑴己己戊로 인수를 많이 보아
 ⑵세분 어머니를 모셔 본 사주다.

◆ 내 남편과 자식은 어디에

추명가 73	年柱印星 놓아두면 母親因緣 멀리있고, 年柱官食 놓은女性 男便子息 어데있소. 년주인성 놓아두면 모친인연 멀리있고, 년주관식 놓은여성 남편자식 어데있소.
해 설	年干에 인성을 놓으면 모친이 나를 두고 집을 떠났고, 年柱에 관성과 식상이 있으면 남편과 자식은 대문 밖 사람으로 내 곁에 없다.

■年干에 인수가 있으면
1) 어머니가 새로 출가하여 떠났거나 집을 나간 그림이다.
2) 나(日干=日主)를 놔두고 떠난 모습으로 아이의 입장에서 바라본 것이다.

■年干에 식상(자식)이 관성(남편)과 同柱하거나 合을 하고 있으면
1) 전남편이 내 아이를 키우고 있는 스토리가 된다.
2) 그러므로 日干 자신이 집을 떠난(새로 출가하거나) 반전이 있는 것이다.

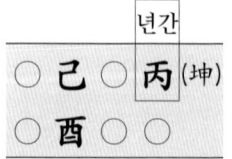

▶年干에 丙火 인수(어머니)가 있으니
(1) 내 어머니가 대문 밖 사람으로
(2) 그 인연이 약하다.

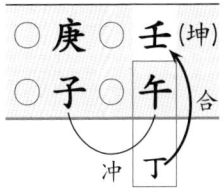

▶年干에 壬水 식신(자식)과
 ⑴午 중 丁火 관성(남편)이 同柱하여 합을 이루고 있으니
 ⑵자식과 남편이 내 곁에 없다. 즉 내가 출가하여 따로 살고 있는 것이다.

◆ 내 자식은 남의 손에, 나는 남의 자식 키우네

추명가 74	年柱官劫 놓은男命 남의손에 子息크고, 不然이면 남의子息 키워보는 因緣일세.
	년주관겁 놓은남명 남의손에 자식크고, 불연이면 남의자식 키워보는 인연일세.
해 설	年柱에 관성과 겁재가 있으면 내 자식을 남에게 보내게 되고, 그렇지 않으면 남의 자식을 내가 키우게 되는 운명이다.

■乾命에서 年柱에 관성(자식)과 겁재(妻의 새 남편이나 애인)가 同柱하면

1) 남의 손에 내 자식이 크거나
2) 아니면 내가 남의 자식을 키워 보는 경우가 생긴다.

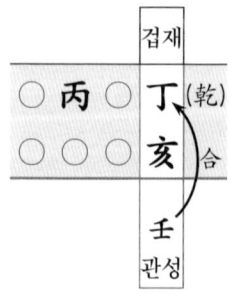

▶年干 겁재 丁火가
   (1) 亥 中 壬水 관성(자식)과 同柱하여 合하고 있다.
   (2) 내 아이를 남의 손에서 키우게 되는 모습이다.

◆ 나는 서출 인생

추명가 75	印綬偏財 暗合하고 印綬偏財 合身되면 그대因緣 庶出人生, 되고싶어 되었느냐. 인수편재 암합하고 인수편재 합신되면 그대인연 서출인생, 되고싶어 되었느냐.
해 설	인수와 편재가 暗合하고 일주(나)와 이어지니 몰래한 사랑으로 나를 낳았으니 서출이 되고 인수와 편재가 地支로 合身되는 것도 남이 모르는 그늘진 인연이라 서출이라 추리하는 것이다.

■서로가 비밀스럽게 暗合(암합)을 한 것은
1)모친과 부친이 不貞하게 만나거나, 몰래한 사랑으로
2)나를 낳은 것이다.

■인수 모친과 편재 부친과 日主 자신이
1)地支로 合身(합신)하는 것은 몰래한 사랑으로
3)나를 낳았으므로 그 역시 서출이라고 추리한다.

```
壬 甲 ○ ○ (坤)
申 辰 辰 午
     戊 戊
  合( 癸 癸
```

▶辰 中 癸水 인수(모친)와 辰 中 戊土 편재(부친)가 戊癸 暗合(압합)되어 모친이 후처로 시집온 사주다.

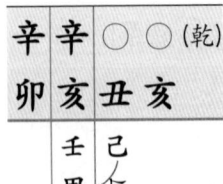

▶ 丑中 己土 인수와 亥中 甲木 재성이 暗合(암합)이고 合身(합신)이라 모친이 소실이 된 사주다.

추명가 76	月支桃花 父母怨望	亡身殺도 소용없고	庶出人生 당당하게	많이보니, 살아보세.
	월지도화 부모원망	망신살도 소용없고	서출인생 당당하게	많이보니, 살아보세.
해 설	月支는 어머니 자리인데 음란 애교의 도화나 실패, 허물의 망신이 있다는 것은 재취나 소실로 보고 서출생이 많다는 것인데 부모 원망 소용없으니 당당하게 살아가라.			

■월지에 도화나 망신살이 놓인 사주는
1) 모친이 사랑의 아픔을 겪어 본다는 뜻이다.
2) 어머니만의 비밀의 추억이 있거나 아픔이 있다고 보는 것이다.

■망신은
1) 내 의지, 의욕대로 잘되지 않는다. 허탈한 마음이 있다.
2) 모든 일이 어긋나서 괴롭다는 의미이다.

■때로는 나이 드신 분 혹은 환자가 망신 대운에 들어오면
1) 사망하는 분들이 많다.
2) 나이 드신 분이 아랫도리를 내보인다는 말은 염을 한다는 것이다.
3) 그러므로 망신 대운에 접어든 나이 드신 분들이나 환자는 더욱 건강에 유념해야 한다.

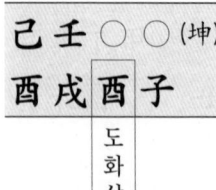

▶月支 酉가 도화살이라
 (1) 어머니가 재취로 아버지를 만난 사주다.

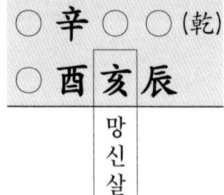

▶月支 亥가 망신살이라
 (1) 어머니가 상부하고 남의 소실이 된 사주다.

◆ 나는 왜 남의 손에 커 보는가

추명가 77	年柱印綬 놓여있어 엄마젖내 그리워서, 남의엄마 가슴품에 엄마생각 잠드노라. 년주인수 놓여있어 엄마젖내 그리워서, 남의엄마 가슴품에 엄마생각 잠드노라.
해 설	김분재 선생님의 통변 이론에 의하면 年柱는 동구 밖에 해당한다. 그런데 어머니 인성이 年柱에 있으니 동구 밖에 나가있는 형상이 되니 요즘 세상에 맞벌이를 하는 경우 남의 손(할머니, 이모)에서 성장해 보는 경우가 많다.

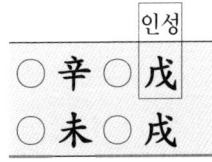

▶태어나자마자 모친 사망으로
 (1)아버지 손에 크다가 아버지는 돈벌이 간다고 타지로 가고
 (2)현재 할머니 손에 자라고 있다.

▶부모의 맞벌이로 이모에게 맡겨져 크고 있다.

◆ 부모 선망

추명가 78	財星甚弱 破剋되면 그대父親 先亡이며, 印星甚弱 破剋되면 그대母親 先亡이라. 재성심약 파극되면 그대부친 선망이며, 인성심약 파극되면 그대모친 선망이라.
해 설	재성이 심약한데 파극되면 부친이 먼저 돌아가시고, 인성이 심약한데 파극되면 모친이 먼저 돌아가신다.

■육친의 길흉을 논할 때는

1) 반드시 太過如不及(태과여불급)을 적용해야 한다.
2) 사주에 인성이 없는데(혹은 심히 약한데)
   ⑴ 인성을 剋(극)하는 재운이 오거나
   ⑵ 洩(설)하는 운이 오면 모친이 사망하고
3) 사주에 재성이 없는데(혹은 심히 약한데)
   ⑴ 재성을 剋(극)하는 비겁운이 오거나
   ⑵ 洩(설)하는 운이 오면 부친이 사망한다.

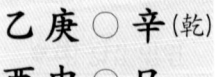

▶庚 日主의 재성 乙(부친)이
⑴ 根이 없고 심히 약한데
⑵ 주 중에 剋(극)하는 기운만 왕성하니 부친 선망이다.

```
辛 辛 ○ 辛 (坤)
卯 未 ○ 巳
```

▶辛 日主의 인성인 未中 己土(모친)를
 (1)剋(극)하는 木의 기운과
 (2)洩(설)하는 金이 많으므로
 (3)모친 선망이다.

◆ 애인 두는 사주

추명가 79	日支藏財 他財合身 日時神殺 桃花紅艷 作妾한다 傳해오니, 家庭和睦 우선일세. 일지장재 타재합신 일시신살 도화홍염, 작첩한다 전해오니, 가정화목 우선일세.
해 설	男命 사주에서 日支는 妻宮이 되므로 지장간에 있는 재성이 他柱의 재성과 合을 하거나 日과 時에 십이신살의 도화살이나 홍염살이 있으면 작첩한다 했으니 가정의 화목이 먼저이다.

■십이신살도표 → 도화살(=연살)

年支	겁살 劫殺	재살 災殺	천살 天殺	지살 地殺	연살 年殺	월살 月殺	망신 亡身	장성 將星	반안 攀鞍	역마 驛馬	육해 六害	화개 華蓋
寅午戌生	亥	子	丑	寅	卯	辰	巳	午	未	申	酉	戌
巳酉丑生	寅	卯	辰	巳	午	未	申	酉	戌	亥	子	丑
申子辰生	巳	午	未	申	酉	戌	亥	子	丑	寅	卯	辰
亥卯未生	申	酉	戌	亥	子	丑	寅	卯	辰	巳	午	未

年殺=도화살의 개념

(1) 살(성욕)이 그립다, 사교적이다, 남녀간 동석.
(2) 고치다(덧칠하다), 가꾸다, 꾸미다.
(3) 신분의 급상승 꿈을 꾼다, 기다린다, 대기한다, 지체된다.

紅艷殺(홍염살)

(1) 타인에게 매력을 발산하거나 인기가 많다.
(2) 살을 그리워하는 도화살과 비슷하다.
(3) 홍염살표

日干	甲	乙	丙	丁	戊	己	庚	辛	壬	癸
地支	午	申	寅	未	辰	辰	戌	酉	子	申

▶ 辛未일생으로
  (1) 日支 未는 부부궁이 되며 未 中 乙木은 재성인데
  (2) 亥卯未 三合으로 他柱에서 卯 中 乙木, 亥 中 甲木인 재성이 合身(합신)하여 오니 4번이나 작첩한 사주다.

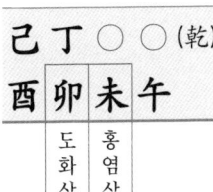

▶ 丁卯일생으로
  (1) 日支에 卯 도화살(=연살)이 있고
  (2) 月支에는 未 홍염살을 놓아
  (3) 3번이나 혼인하고 평생 호색한 사주다.

제3절 나의 형제는 어떠한가

◆ 배다른 형제는 어떻게 아는가

추명가 80	日柱合化 比劫된자, 比肩劫이 좌우합신, 異腹兄弟 있어보고, 財産紛爭 처절하다. 일주합화 비겁된자, 비견겁이 좌우합신, 이복형제 있어보고, 재산분쟁 처절하다.
해 설	일간이 합으로 같은 오행이 되는 사주는 이복형제 있고, 비견 겁재가 많은 사주도 이복형제가 있다.

■일간이 간합하여 化한 오행이 비겁이 되는 경우는 己土와 庚金 日主가 전부이다.

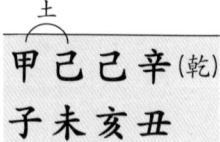

▶己土 日主가 時干(시간) 甲木과 甲己合 한다.
 (1) 甲己合하여 化한 오행이 土인데
 (2) 己土의 비겁이 되므로
 (3) 이복형제를 두게 된다.

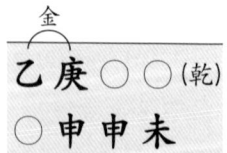

▶庚金 일간이 時干(시간) 乙木과 乙庚合 하여
 (1) 化한 오행이 金으로 비겁이 된다.
 (2) 또한 비견인 申 중의 庚金까지 重重 (중중)하니 이복형제를 두게 된다.

■ 비겁은 형제자매인데 좌우에서 合身은
 여기저기에서 형제자매가 합해 오는 상이 되어 이복형제가 있다고 추리한다.
1) 때로는 생사고락을 함께하는 의형제라도 반드시 있게 된다.
2) 의형제 외에도 자매결연 같은 경우도 이에 해당하는데 예를 들어 己土 日主(=日干)가 甲 대운이 오면 자매결연, 기업 합병, MOU 체결 등이 발생한다.

■ 이렇듯 이복형제가 있는 경우 재산 분쟁에 갈등도 있게 된다.

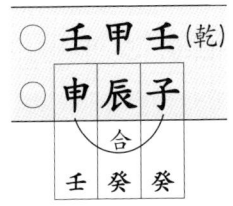

▶ 壬申일생으로 일지 申中 壬水 비겁을 놓고
 (1) 좌우에서 비겁이 合身(합신)하여 이복형제가 있는 사주다.

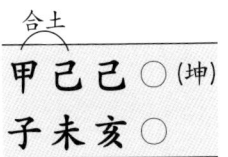

▶ 己日主가 甲己合化하여
 (1) 化身(화신)이 土 비겁이 되어
 (2) 이복형제가 있는 사주다.
  상속 문제로 오빠와 송사 중에 있다.

추명가 81	羊刃比劫 同柱하고 羊刃제어 못하면은, 멀리떠난 兄弟있어 그립고도 애닯아라. 양인겁재 동주하고 양인제어 못하면은, 멀리떠난 형제있어 그립고도 애닯아라.
해 설	비겁은 형제가 되는데 그곳에 파괴, 분리를 의미하는 양인이 함께 있으면 형제간 이별이 있게 된다.

■羊刃(양인)은 파괴와 분리를 의미하고, 比劫(비겁)은 형제를 의미한다.
그러므로 형제와의 이별로 추리한다.
이때 刑冲이 더해지면 더욱 명확해진다.

■참고: 양인 처리법
1)合去(합거) 2)退神(퇴신) 3)透出(투출)

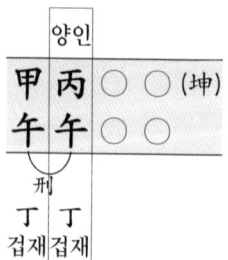

▶5세 때 남동생이 태어났으나 화재로 동생을 잃었다.

◆ 성격 추리

추명가 82	身強身弱 日主心性 無關하니 日干特性, 月支六神 參考하여 日主性格 分析하세. 신강신약 일주심성 무관하니 일간특성, 월지육신 참고하여 일주성격 분석하세.
해 설	신강신약은 사주 주인공의 성격을 논하는 요소가 결코 아니다. 그러므로 개인의 성격은 일주와 월지의 격을 참고해야 한다.

■일설에 의하면
1) 신강한 자는 주관이 뚜렷하고 적극적이며 강건한 성격을 지녔으며, 신약한 자는 주관이 없으며 소극적이며 심약한 성격이라고 한다.
2) 그리고 월지의 격이 성격을 형성한다고 한다.

■그렇지만 실제 개인의 성격은
1) 일주의 강약과 무관하면서,
2) 일간 고유의 특성이 주된 성격으로 관찰되고,
3) 월지의 격은 일간에게 주어진 환경적 요인으로 성격 형성의 보조적 역할을 하는 것으로 보는 것이 타당하다.

◆ 총명한 사람인가 정신병자인가

추명가 83	鬼門關煞 놓은四柱 번뜩이는 智慧있고 聰明하기 그지없네, 精神病者 誤解마소. 귀문관살 놓은사주 번뜩이는 지혜있고 총명하기 그지없네, 정신병자 오해마소.
해 설	귀문관살이 있는 사주는 陰의 세계에 대한 직관 능력이 있으니, 남들 모르는 세계 탐지 능력이 뛰어나니 정신병자라고 오해해서는 안 된다.

■귀문관살이 원국에 있어도 해당되고 대운에서도 해당된다.
1) 귀문관살 대운에는 명문대 갈 수 있다.
2) 공부한 노력보다 시험 결과가 좋다. 직관력이 뛰어나다.
3) 명문 대학을 진학한 사람 중에 상당수가 귀문관살 대운에 있거나 사주에 귀문관살이 있는 사람이 많다.
4) 남들은 안 보이거나 느끼지 못하는 것을 본인은 번뜩이는 지혜가 있어서 무엇이 보인다든지 잘 느낀다.

그래서 직관이 뛰어나다. 다른 세계를 인식하기 때문에 인식하는 세계가 넓어진다. 예술가들 중에 보이지 않는 또 다른 세계를 인식하면서 표현하는 분들을 훌륭한 작가라 한다. 공부하는 학생들 중에 직관이 뛰어난 학생이 있다. 보이지 않는 陰의 세계에 대한 직관력, 감지 능력이 뛰어난 경우가 많다.

귀문관살의 종류

子酉, 未寅, 卯申, 辰亥, 戌巳, 丑午

귀문관살의 작용

(1) 직관력이 뛰어나게 되어 예술가, 작가, 종교인, 역학자, 무속인 등으로 뛰어난 사람이 된다.
(2) 때로는 우울증, 신경 쇠약, 신들림 등에 걸린다.

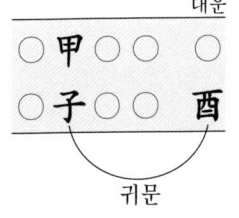

▶ 日支에 子가 있는데
 (1) 酉 대운이 오면 子酉 귀문이 된다.
 (2) 나와 배우자 자리에 귀문이 붙어 작용하게 된다.
 (3) 나와 배우자는 직관력이 뛰어나게 된다.

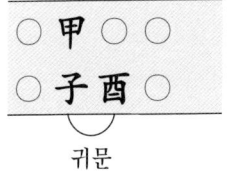

▶ 명조의 日月支에 귀문이 있으면
 (1) 부모 형제 자리에 귀문이 붙었다.
 (2) 나와 부모가 직관력이 뛰어나다고 본다.

◆ 처덕으로 출세하는 남성

추명가 84	財滋弱殺 놓은男命 因妻成財 幸運있고, 先財後名 福祿으로 이름萬里 떨치리라. 재자약살 놓은남명 인처성재 행운있고, 선재후명 복록으로 이름만리 떨치리라.
해 설	官이 약한 가운데 財가 와서 돕게 되면 乾命은 부인이나 아버지로 인해 재물을 이루는 행운이 있고, 먼저 재물을 얻고 나중에 널리 이름도 떨치는 복록과 명예를 얻는다.

■財生官[財滋弱殺(재자약살)]
1) 財星(재성)(→처, 부친)이 약한 官星(관성)을 生해 주니
2) 부친의 후원으로 명예가 올라가고 혹은 결혼하면 좋은 妻를 만나서 명예가 올라간다.

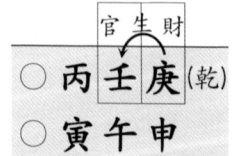

▶午月의 丙 日主로
 (1) 관성 壬水의 기세가 弱하다.
 (2) 재성인 庚金으로 壬水를 生하여 주니
 (3) 좋은 妻를 만나서 명예도 높아진다.

◆ 시가, 본가 덕 많은 여성

추명가 85	財滋弱殺 놓은女命 父母관심 속에성장, 出嫁해도 媤母사랑 太平歌를 부르리라. 재자약살 놓은여명 부모관심 속에성장, 출가해도 시모사랑 태평가를 부르리라.
해 설	官이 약한 가운데 財가 와서 돕게 되면 坤命은 아버지로 인해 좋은 환경에서 사랑을 받으며 성장하고, 결혼하면 좋은 시어머니를 만나서 남편과 행복하게 지낸다.

■財生官[財滋弱殺(재자약살)]

1) 財星(재성)(→부친, 시어머니)이 약한 官星(관성)을 생해 주니
2) 부친의 후원을 받거나 결혼하고 나서는 좋은 시어머니를 만나 사랑받는다.
3) 또 시어머니가 남편을 도와주니 행복한 가정을 이룬다.
※ 乾命이든 坤命이든 財滋弱殺(재자약살)은 모두에게 좋다.

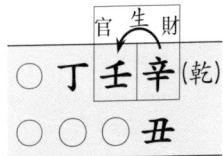

▶재성인 辛金으로 壬水를 생하여 주니
  (1) 좋은 妻를 만나서 명예도 높아진다.

◆ 비뇨기과 방문 잦은 남성

추명가 86	桃花刑冲 맞은郎君 아랫도리 조심하고, 干合支刑 놓은그대 泌尿器科 다녀오소. 도화형충 맞은낭군 아랫도리 조심하고, 간합지형 놓은그대 비뇨기과 다녀오소.
해 설	도화에 刑과 冲이 놓이면 성병 조심하고, 天干이 合되고 地支가 刑에 놓인 사주는 성병 전립선 질환 조심해야 하오.

■도화+刑 / 冲 : 성병, 생식기나 전립선 질환을 조심해야 한다.

■干合支刑 된 경우 역시 성병이나 전립선 쪽을 조심해야 한다.

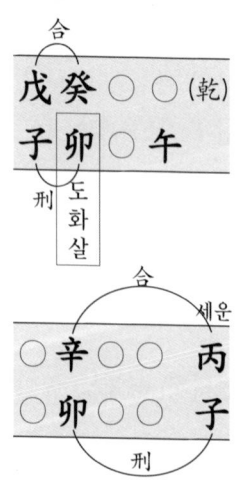

▶午生에게
 (1)도화살은 日支 卯가 된다.
 (2)天干끼리는 戊癸 干合이 되고 地支는 子卯刑을 이루고 있으니
 (3)아랫도리를 조심해야 한다.

▶원국에 辛卯가 있는데 丙子 세운이 오면
 (1)丙辛合과 子卯刑 干合之刑이 되므로 성병을 조심해야 한다.

◆ 제삿밥 먹기 힘든 사주

추명가 87	丙申日柱　申時生은　죽고난후　배고파서 어이하나, 살아생전　널리널리　베푸소서. 병신일주　신시생은　죽고난후　배고파서 어이하나, 살아생전　널리널리　베푸소서.
해 설	丙申 일주가 申시가 되면 丙申일 丙申시가 된다. 경험에 의하면 이런 경우 재산을 남겨도 자손이 제사에 성의가 없고 어떤 이는 제사도 제대로 지내지 않는 경우도 보아왔다.

丙	丙	○	甲 (坤)
申	申	○	申
아들이 제사에 성의가 없다			

▶이 사주는 100억대 재산(부동산)을 남기고 사망한 사람이다.
두 아들을 두었으나, 모두 재산을 나눠 가진 채 서로에게 제사를 미루면서 현재 아무도 제사를 지내 주지 않는다고 한다.

◆ 친구 따라 강남 간다

추명가 88	比劫驛馬 同柱하면 親舊따라 江南가고, 桃花劫財 同柱해도 酒色으로 지랄이다. 비겁역마 동주하면 친구따라 강남가고, 도화겁재 동주해도 주색으로 지랄이다.
해 설	비겁에 역마가 동주하는 경우 사람을 과신하여 이리저리 따라다니다가 재물 손실을 많이 입게 된다. 비겁에 도화가 동주하는 경우에도 자칫 주색에 빠질 수 있다.

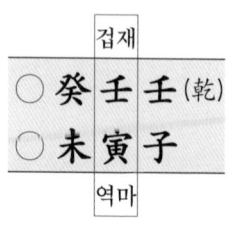

▶친구가 베트남에서 사업을 함께 하자고 하여,
  (1) 부모로부터 받은 재산을 친구에게 투자했으나
  (2) 친구가 그 돈을 탕진하는 바람에 모두 떼였다.

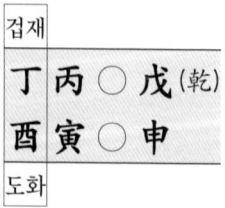

▶유부녀를 주점에서 만나 알고 지내다가,
  (1) 유부녀가 남편에게 사통 사실을 들키자, 돌연 이 사주 주인공으로부터 간강을 당했다고 거짓말하는 바람에
  (2) 2,000만 원을 주고 합의했었다.

제4절 연애와 결혼

◆ 관성 많은 여성 어이할까

추명가 89	明暗夫集 있는妻子 男子들에 쌓여있네, 印星因緣 찾아나서 轉禍爲福 하자꾸나. 명암부집 있는처자 남자들에 쌓여있네, 인성인연 찾아나서 전화위복 하자꾸나.
해 설	관살혼잡 있는 여자 사주는 남자들이 여기저기 있어서 인성 인연 찾아 만나면 그 흉한 인생을 넘긴다.

■**女命에**

1) 관성과 칠살이 여기저기 모여 있으면 不吉(불길)하나
2) 인성 인연을 만나면 살인상생이 되는 貴한 사주로 바뀌므로 **인성 인연을 맞이하면 吉하다.**

관살 처리법

⑴合去(합거) ⑵通關(통관) ⑶制殺(제살)

▶편관 甲木이 時干에 있어
 ⑴日主와 통관시키는 것이 火이므로
 ⑵丙生 혹은 丁生을 인연하면 吉하다.

◆ 자식 낳고 남편과 이별

추명가 90	傷官見官 得子別夫 애비없는 子息둘까, 善緣惡緣 分別하여 子息위해 맞이하소. 상관견관 득자별부 애비없는 자식둘까, 선연악연 분별하여 자식위해 맞이하소.
해 설	정관이 있는데 상관을 보는 사주는 자식 낳자 부부 별거될까 노심초사 걱정하지 말고 부디 좋은 인연을 가려서 만나세.

■女命에서 傷官見官(상관견관)하면
아이를 낳자마자 남편과 이별할 수 있으니(得子別夫)
인연법 진여비결을 잘 이해하면 좋은 인연 가려낼 수 있는 지혜가 생긴다.

자식 낳은 후 남편과 불화하는 경우(得子別夫)

(1) 사주 내에 관성이 투출된 가운데 時干에 상관성이 있는 경우.
(2) 日時가 刑冲이 되는 경우 (자식이 생긴 후 발동)
(3) 日支에 상관을 놓은 경우 (천간에 관성의 투출 불문)

* 時上을 時干, 時支 모두 보는 것이 일반적이나, 이 경우 **時支보다 時干의 작용으로 주로 일어난다는 것은 경험에 의한다.**

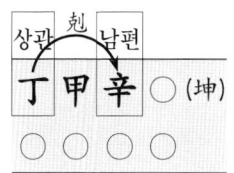

▶관성이 透干 되어 있고
 (1)時干에 상관성을 놓았으니,
 (2)자식을 낳고 나면 남편을 剋한다.
 (3)丁火는 辛金을 망친다.
  ①일을 그르친다.
  ②不和(불화)가 생기게 된다.
   부부간의 갈등, 남편의 무능함,
   남편의 병고, 생이별, 사별,
   남편에게 불리하게 돌아간다.

◆ 국제결혼 인연

추명가 91	驛馬官星 他國郎君 驛馬財星 他國娘子, 不然이면 他鄕因緣 이것또한 因緣일세. 역마관성 타국낭군 역마재성 타국낭자, 불연이면 타향인연 이것또한 인연일세.
해 설	관성이 역마가 된 사주는 외국 남자와 인연하며 재성이 역마가 된 사주는 외국 여자와 인연하고, 그렇게 만나지 않으면 타지방에서 만나는 사람 또는 인연이 된다.

■ 역마+관성= 외국 남자와 인연
 역마+재성= 외국 여자와 인연
다문화 가정처럼 타 지역(외국)에서 온 사람들과의 인연을 판단한다.

역마+재성

(1) 외환
　① 寅이 역마살: ¥
　② 亥가 역마살: RUB
　③ 申이 역마살: $
(2) 객지에 있는 여성, 국제결혼.
　혹은 외국에서 한국인과 혼인하기도 한다.

역마+관성

(1) 남편이 객지, 국제결혼, 외국에 나가 남편과 결혼(한국인 남성)
(2) 조직이면 외국계 회사
(3) 명예롭고 좋은 소문이 난다.

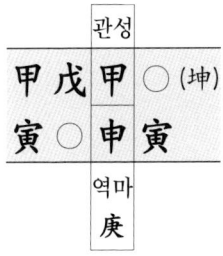

▶ 관성인 月干 甲木이
  (1) 역마살 申에 坐하고 있으니
  (2) 외국계 회사에 취직하여 그곳에서 한국계 미국인과 연인이 되었다.

◆ 자식 출산

추명가 92	食傷刑冲 女命四柱 그대子孫 不安하고, 食傷逢祿 因緣이면 걱정마소 그대子孫. 식상형충 여명사주 그대자손 불안하고, 식상봉록 인연이면 걱정마소 그대자손.
해 설	식상에 刑과 冲이 놓인 여자 사주는 그 자식 잘못될까 걱정이고, 식상의 祿이 되는 인연을 만나면 그 禍를 면할 수 있다.

■女命에서 식상+刑/冲:
 유산해 보거나 불임일 경우가 있다. 자식이 불안하다.

1)그러나 식상의 祿이 되는 인연을 만나면 그 禍가 미치지 않는다.

2)식상의 祿이 되는 인연을 만나는 것은 나의 자식에게 禍가 미치지 않음을 의미하니 祿을 이루게 해 주는 인연을 좋다고 보는 것이다.

3)명조 내에 식상의 祿이 있는 경우 혹자는 他 地支에 逢祿하여도 무방하다고 주장을 하나 실무 경험에 의하면 坐支에 위치해야 더욱 적중한다.

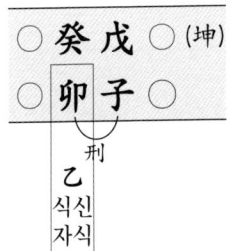

▶식신 卯木이
  (1)月支 子와 刑이 되어
  (2)자식이 인연이 없다.

▶상관 乙木의 祿인
  (1)卯가 坐하고 있으니
  (2)식상의 祿을 이루어 1남1녀를 두었다.

◆ 처의 외정 걱정하네

추명가 93	年月干에 놓은 劫財 財物分散 不安하고, 그대 妻도 바람날까 뜬눈으로 긴밤지새. 연월간에 놓은겁재 재물분산 불안하고, 그대 처도 바람날까 뜬눈으로 긴밤지새.
해 설	年月干은 외부 영역이므로 그곳에 겁재가 있으면 재성을 뺏길 수 있다. 乾命은 재성이 배우자로 年月干에 겁재가 있으면 배우자의 外情으로 노심초사할 수 있다.

■異説에는 時柱를 대문이라 하는 이들이 있다. 그러나 경험한 결과 그렇지 않더라.

1) 年柱와 月柱는 각각 대문과 마당으로 외부 침입이 많은 곳이다.

2) 대문과 마당에는 빨랫줄이 있는 곳으로 대문인 年干에 겁재가 있다는건 도둑이 호시탐탐 대문 밖에서 빨래를 걷어 가려고 노리고 있는 것과 같다. 혹은 마당에 도둑이 이미 들어온 것과 같다.

그러므로 겁재로 인해서 재물이 털릴 수 있다.

3) 年干에 재성이 있는 乾命은 부인이 밖에 나가서 장사를 하거나 외부 활동을 하면 탈취될 우려를 면할 수 있다.

4) 마찬가지로 年干에 관성이 있는 坤命은 집 안에서만 내 신랑이라 여기고 나가면 아니라는 마음가짐을 하는 것이 한결 편할 것이다.

5) 年干에 겁재가 있으면 항시 뺏기지 않을까 걱정하며 혹 의처증이나 의부증이 있을 수도 있다.

시	일	월	년
창고, 자식	안방	마당, 거실	대문

年干과 月干에 재성과 관성이 있으면

男 재성 부인을 가정주부로만 지내게 하지 말고 외부 활동을 하게 하거나 일을 하게 하면 괜찮다.

女 관성 남편이 외부 활동을 할 때 '내 신랑'이라는 마음보다 넓은 마음으로 생각하는 것이 좋다.

年干과 月干에 식상과 관성이 있으면

男 관성 대문 밖 자식과 같으므로 자식의 소식이 없거나 생사를 모르거나 온데간데없을 수 있다. 혹은 이혼 후 전처에게 아이가 있는 경우도 해당된다.

女 식상 대문 밖 자식과 같으므로 자식이 소식이 없거나 생사를 모르거나 온데간데없을 수 있다. 혹은 이혼 후 전남편에게 아이가 있는 경우도 해당된다.

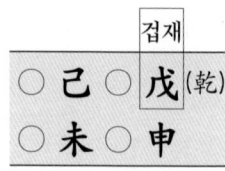

▶年干에 겁재가 있으므로
 (1) 내 것을 탈취해 가려고 호시탐탐 노리고 있다.
 (2) 그러니 내 수중에 돈을 두지 말고 여러 사람에게 베풀면 그 우려를 면할 수 있다.

◆ 처의 외정, 내 자식은 어디에

추명가 94	劫財混雜 놓은男命 妻의外情 걱정되오, 年柱官星 위치하면 내子息은 消息없네. 겁재혼잡 놓은남명 처의외정 걱정되오, 년주관성 위치하면 내자식은 소식없네.
해 설	乾命에 겁재가 많다는 것은 재물이 빼앗기는 형국으로 妻가 바람날까 걱정되고, 年干의 관성은 乾命에게 자식이 되므로 대문 밖 자식의 소식을 알기 어렵다.

겁 재

奪財(탈재), 빼앗기는 것, 도둑이 많다, 불안하다, 동창회가도 안 된다.
단, 천간만 해당된다. → (年干과 月干)

비 견

비견은 서로 나누는 것으로 나의 지지 세력이 되어 주며 奪財(탈재)는 하지 않는다.

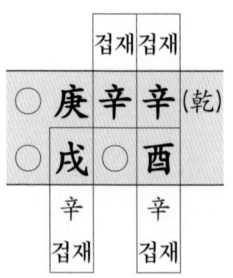

▶年月干에
  (1) 겁재가 있고 또한 重重(중중)하니
  (2) 奪財(탈재)가 우려되고
  (3) 妻의 외정으로 노심초사하거나 의처증이 있을 수 있다.

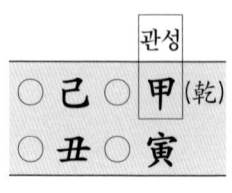

▶年干의 관성이라
  (1) 대문 밖 자식과 같다.
  (2) 자식의 소식이 묘연하여 부모의 애를 태울 수 있다.

◆ 남의 자식 키우거나, 유부남과 인연

추명가 95	女命劫食 官星合緣 남의子息 키워보니, 모든것이 因緣이네 이내八字 어찌할꼬. 여명겁식 관성합연 남의자식 키워보니, 모든것이 인연이네 이내팔자 어찌할꼬.
해 설	坤命에 겁재와 식신과 관성이 합을 하면 남의 자식 키워 보니, 그러한 스토리는 나의 사주팔자에 다 나와 있다.

■坤命에 겁재는 내 남자의 애인이 된다.
  그런 겁재가 자식성인 식신과 관성(정관/편관)과 合을 하고 있다.

■坤命 기준 : **겁재** (내 남자의 여자)
              +
              식신 (다른 여자의 자식)
              +
              관성 (내 남자)

1) 편관 : 유부남, 내 애인이 이미 결혼해서 애가 있으니 가정 있는 남자.
2) 정관 : 내 남자가 다른 여자와 자식 낳는 것.

※그중 **정관은**
  ① **내 남자의 外情,**

② 아이 있는 남자와 내가 혼인한 것으로 2가지 그림이 나온다.

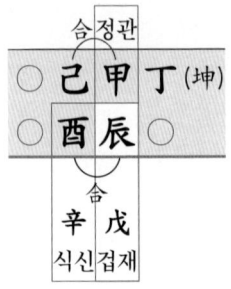

▶ 辰 中 戊土는 겁재(다른 여자)이며 月干의 정관 甲木과 同柱하고 있다.
 (1) 酉 중의 辛金 식신과 酉辰合을 하여 정관은
  ① 내 남자의 外情,
  ② 아이 있는 남자와 내가 혼인한 것으로
  2가지 스토리를 그려 볼 수 있다.

추명가 96	年柱食傷 놓은女性 내子息은 어데갔노, 印綬食傷 合緣이니 親庭집에 起居한다. 연주식상 놓은여성 내자식은 어데갔노, 인수식상 합연이니 친정집에 기거한다.
해 설	坤命에 年柱에 식상이 있으면 대문 밖 자식이라 그 소식을 알기 힘들고, 식상(내 자식)과 정인(모친)이 合을 하면 친정어머니가 내 아이를 키우고 있다.

■年干에 식상(자식)이
  인수(친정어머니)와 同柱하거나 合을 하고 있으면
  친정어머니가 내 아이를 키워 주고 있다.

■또한 月柱, 日柱, 時柱에
  관성(신랑)과 식상(자식)이 同柱하거나 合을 이루면
  내가 새살림을 차려서 낳은 아이를 키우고 있는 스토리가 그려진다.
  전남편과의 사이에 낳은 자식은 친정어머니가 키워 주고 日干(나)는 새로 결혼하여 가정을 꾸리고 있는 것이다.

■만약 年干에 식상(자식)이
  관성(남편)과 同柱하거나 合을 하고 있으면
  전남편이 내 아이를 키우고 있는 스토리가 된다.

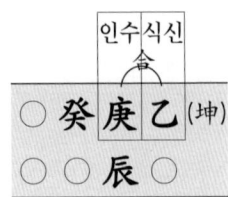

▶年干의 乙木 식신(자식)이
 (1) 月干 庚金 인수와 합을 하고 있어
 (2) 친정어머니가 내 아이를 맡아 키우고 있는 모습이다.
 (3) 年干의 식상은
  ① 대문 밖에 나간(내 곁에 없는) 자식과 같아서
  ② 소식을 접하기 어렵거나 멀리 나가 있는 모습이다.

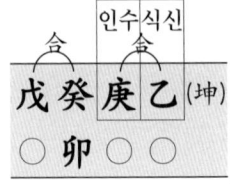

▶月干에 庚金 인수와
 (1) 年干 乙木 식신이 합을 하고 있어
 (2) 친정어머니가 내 아이(전남편의 아이)를 키워 주고 있고

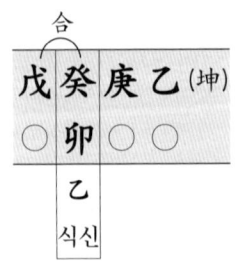

▶동시에 卯 中 乙木 식신(자식)이
 (1) 日主 癸와 同柱하고
 (2) 나(癸日主)는 時干 戊土 관성(새 신랑)과 합을 하고 있으니
 (3) 새로 결혼하여 아이 낳고 사는 스토리도 그려진다.

◆ 부부 인연 오래 할까

추명가 97	比劫많은 男女四柱 그대夫婦 主人없네, 내것이다 믿지말고 外出하면 남의因緣. 비겁많은 남녀사주 그대부부 주인없네, 내것이다 믿지말고 외출하면 남의인연.
해 설	天干이든 地藏干이든 비겁이 많은 사주는 배우자가 가정에 소홀할 수 있으니, 외출하면 내 사람이라는 마음보다 넓은 마음으로 생각함이 좋다.

■天干이든 地藏干에든 비겁이 많은 사주는
1) 여러 사람과 어울리니 가정에 소홀하거나 外情이 있다.
2) 밖으로 돌거나, 그 배우자가 바람나기도 한다.

	비견		
己	乙	乙	○ (乾)
卯	○	卯	丑
乙 비견		乙 비견	

▶日主 乙(나) 말고도
  (1) 天干에 乙과
  (2) 卯 中 乙까지 비견이 많다.
  (3) 부인 外에 여러 여자와 만나며 가정에 소홀한 命이다.

◆ 부부 이별

추명가 98	官星絶支 되어봄은 一夫從事 힘들고요, 財星絶支 되어봄도 糟糠之妻 어데갔노. 관성절지 되어봄은 일부종사 힘들고요, 재성절지 되어봄도 조강지처 어데갔노.
해 설	관성이 절지를 만나면 남편과 한평생 인연이 어렵고, 재성이 절지를 만나면 처와 한평생 인연이 어렵다.

■ 관성은 남편이고, 절지는 생사 이별을 암시한다.
 그러므로 관성이 절지에 임한 것은 남편과 생사 이별을 말하므로 일부종사가 어렵다고 말한 것이다.
■ 재성은 저요, 절지는 생사이별을 암시하니 배우자와 해로는 어렵다고 하는 것이다.

추명가 99	四柱天干 比劫重重 夫婦因緣 멀어가고, 혹여再婚 因緣이면 夫婦因緣 이어간다. 사주천간 비겁중중 부부인연 멀어가고, 혹여재혼 인연이면 부부인연 이어간다.
해 설	천간에 비겁이 많으면 부부인연이 멀다. 만약 재혼으로 만난 인연이라면 부부인연이 길게 가기도 한다.

■남명에서 재성은 처요, 여명에서 관성은 남편이 되고, 비겁은 나와 같은 동류 경쟁자 되는데,

1)사주 천간에 비겁이 있으면 나에게 경쟁자가 있게 되는 것과 같으니
2)각 배우자가 다른 이와 만나 보는 경우를 보게 된다.
3)만일 본인이 재혼이나 바람을 피우는 경우 이를 면하는 경우도 있더라.

庚辛甲庚(乾)
寅○申子

▶처가 직장 상사와 사통한 사실을 알게 되어 용서하지 못하고 결국 이혼하고 말았다.

◆ 재혼 인연

추명가 100	男命逢刃 있으면은 再嫁因緣 맺게 되고, 女命四柱 妬合爭合 再嫁因緣 있을수도. 남명봉인 있으면은 재가인연 맺게 되고, 여명사주 투합쟁합 재가인연 있을수도.
해 설	남자 사주에 양인이 있는 경우 그 양인에 비겁의 기운이 서려 있으므로 그로 인해 상처 내지 이혼수를 간혹 보게 된다. 그러므로 재가는 자연스러우므로 결과적으로 재혼을 많이 경험한다. 여자 사주에 일간과 투합 내지 쟁합을 하는 경우에도 재혼하는 경우를 많이 보게 되고, 특히 대세운에서 쟁합, 투합하는 경우에도 재혼수가 일어난다.

양인

▶이 命은 본처 丁未生과 이혼하고 甲寅生 처를 만나 재혼하였다.

쟁합

(다툼) 남자 2명 - 여자 1명

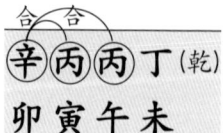

▶이 사주는 처가 바람을 피워서 이혼했다가 다시 재혼한 사주다. 일간과 월간 丙이 시간 辛과 쟁합하였다.

쟁 합 (다툼) 여자 1명 - 남자 2명

▶월간과 시간 丙이 일간 辛과 쟁합하였다.
그래서 본남편과 이혼한 후 재혼했다.

투 합 (질투) 여자 2명 - 남자 1명

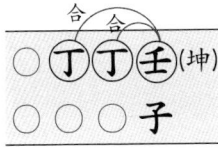

▶일간과 월간 丁이 壬 정관과 투합하고 있다.
그래서 후처로 결혼했다.

추명가 101	傷官正官 맞은곳에 刑冲놓은 새색시는, 一夫從事 힘드노니 이것또한 運命일세. 상관정관 맞은곳에 형충놓은 새색시는, 일부종사 힘드노니 이것또한 운명일세.
해 설	정관은 남편이 되는데 그것에 상관이 있어서 상관이 정관을 극하고 있는 경우에 해당하므로 남편과 생사 이별이 우려된다. 게다가 정관에 형충이 가세할 경우에는 더욱 가능성이 높다고 한 것이다.

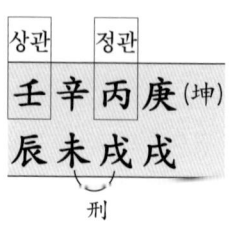

▶상관 壬이 정관을 보았고, 더욱이 日支가 刑 되었다.

(1) 이 사주는 첫아이를 낳은 후
(2) 가족 간 시외로 나갔다가 남편이 운전하는 차량이 전복되어 그 남편이 사망했다.

추명가 102	官不均에 官太旺에	時上傷官 制不足도	살그리워 누구품에	뜬눈지새 의지할꼬.
	관불균에 관태왕에	시상상관 제부족도	살그리워 누구품에	뜬눈지새, 의지할꼬.

해 설 관성이 弱하거나 없고 時干에 상관이 透하면 남자 그리워 밤새우고, 관성이 旺하고 식신 상관이 부족한 여성은 남자 많다 하나 내 남편은 누구인가?

■관성이 균형을 이루지 못하는 데다가
1) 時干에 상관이 있으면
   (1) 관성이 제지를 당해 힘을 쓰지 못하니
   (2) 여성은 그런 관성을 그리워하며 뜬눈으로 밤을 지새운다.
   (*官이 불균형하다는 것은 弱하거나 없다는 의미이다.)
2) 반대로 관성이 너무 많은데
   (1) 그것을 制裁(제재)할 식상이 부족한 것도
   (2) 남편 될 사람이 누구인지 아무도 모른다는 뜻이다.

상관			
癸	庚	○	○ (坤)
○	申	亥	丑

+ 火 미약

▶ 亥月의 庚 日主가
  (1) 時干에 상관 癸水가 透하였고 관성인 火氣는 미약하니
  (2) 남자와의 인연이 불미하다.

관성		관성	
庚	乙	○	庚 (坤)
○	酉	酉	○
	관성	관성	

+ 火 미약

▶酉月의 乙 日主는
(1) 많은 관성으로 둘러싸여 있고
(2) 그 관성을 제재할 식상이 부족하니
(3) 그대의 낭군은 누구인가.

추명가 103	官星桃花 믿지마소 이집저집 놀아나니, 어디하나 믿을손가 이런것도 八字론가. 관성도화 믿지마소 이집저집 놀아나니, 어디하나 믿을손가 이런것도 팔자론가.
해 설	관성에 도화가 있으면 관성이 주변 사람들에게 인기가 많다. 때로는 그 남편이 주색에 빠지는 경우도 많다.

1) 여명 관성 남편이 도화(연살)와 함께 있으니 남편이 도화의 기운을 얻게 된다. 그러니 남편이 나의 남편인지 남의 남편인지 분간이 어렵다고 추리하고,
2) 남편의 바람기라고 추리하기도 한다.

```
丁 辛 丙 丙 (坤)
酉 亥 申 辰
도화
```

▶丙丁 관성이 있어 재혼한 여성이다. (관살혼잡)
재혼하여 만난 남편 丁이 도화를 띠고 있어서 바람기가 잠잠한 때가 없었다.

◆ 혼전 득자 인연

추명가 104	財星官星 日柱合緣 總角으로 得子하니, 戀愛結婚 틀림없고 그대妻子 사랑하소. 재성관성 일주합연 총각으로 득자하니, 연애결혼 틀림없고 그대처자 사랑하소.
해 설	乾命에서 日柱와 재성, 관성의 합은 결혼 전 아이를 낳을 수 있고, 연애결혼하여 가정을 꾸려 간다.

총각득자 하는 경우

1) 자식이 있는 여자와 인연될 수도 있다.
2) 처녀가 잉태한다면, 총각이 득자하는 것도 될 수 있다.
3) 총각이 득자하는 사주가 어떤 것이냐
   (1) 나+재성+관성이 합을 할 때 여자가 자식을 데리고 들어온다.
   (2) 다시 말해서 남자 사주에서 신부가 입장하는데, 자식이 따라 들어온다는 말이다. 자식이 먼저 생겼으므로 출산을 했거나, 배 속에 있겠다.

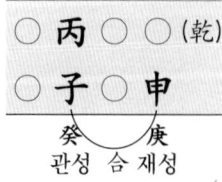

▶日支 子 中 癸水 관성과 申 中 庚金 여자는
  (1) 申子合을 하니 日柱+官+財로 삼위일체로 합이 된다.

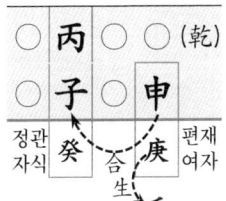

(2) 丙子는 同柱에 관성 자식과 같이 있다.

(3) 또 申 中 壬水는 庚金과 같이 있으므로 아이가 있는 여자이다.

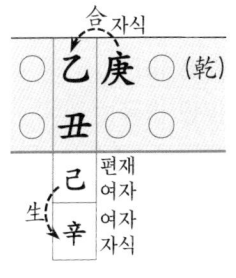

▶ 丑中 己土는 재성, 庚金은 관성으로 日主 乙木과 천간 합을 하고 있다.

(1) 乙木과 己土 재성은 배우자 궁인 丑에 같이 있다.

(2) 己土 재성은 丑 中 辛金 자식과 같이 있으므로 이미 자식이 있는 여자이다.

(3) 따라서 己土 재성은 자식(丑 中 辛金)있는 여자로 庚金 자식을 다시 임신한 것이다.

추명가 105	食傷官星 日柱合緣 處女妊娠 있어보아, 四柱命理 神秘하니 누가감히 疑心하랴. 식상관성 일주합연 처녀임신 있어보아, 사주명리 신비하니 누가감히 의심하랴.
해 설	食傷과 관성이 일주와 合을 이루면 결혼 전 아이를 가질 수 있고, 사주팔자 속에 다 나와 있으니 의심할 여지가 없구나.

■일주(나)+官(남자)+食(자식)=삼위일체로 合이 되는 경우이다.

日干과 同柱 / 日柱와 合하는 2가지 경우가 있다.

▶日干 乙木은
  (1) 天干 庚金과 合을 하고 있으며
  (2) 巳 中 丙火 상관이 日支에 있어 日干과 同柱하고 있다.
* 合은 만나다로 함께 있는 것(곳), 향하는 곳, 들어가는 곳의 뜻도 된다.
  (3) 庚金 남자가 日主에게로 들어온다.
  (4) 본인과 자식과 남자가 같은 공간에 있게 된다. 처녀(乙)가 남자를 만나 혼전 임신하는 경우이다.

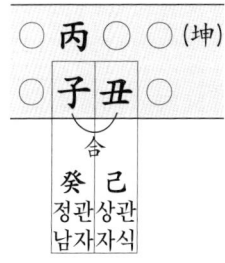

▶子 中 癸水는 남자고 日支에 있어 丙火와 동일 공간에 있다.
⑴丑 中 己土는 상관 자식이다.
⑵丑은 日支 子와 合을 하니 셋이 같이 있게 된다.
⑶그러므로 혼전 임신한다.

◆ 애인 두는 여성

추명가 106	乙辛癸巳 丁己亥日 몰래사랑 경험하고, 日藏官食 合官食女 情그리워 눈물짓네. 을신계사 정기해일 몰래사랑 경험하고, 일장관식 합관식녀 정그리워 눈물짓네.
해 설	女命 사주에서 乙巳 辛巳 癸巳 丁亥 己亥 일주는 몰래 하는 사랑을 경험하고, 日支 지장간에 관성과 식상이 있는데 他柱에서 관성과 식상이 合되어 오면 外情을 경험한다.

■女命에서 乙巳 辛巳 癸巳 丁亥 己亥 일주는
1) 暗藏(암장)된 관성과 合이 되는데 暗合(암합)이라고 하며 비밀스러운 合으로 보기 때문에
2) 주위의 시선을 피해서 몰래 하는 연애를 경험해 본다.
3) 日支 지장간에 관성과 식상이 있는데
  (1) 다시 他柱에서 관성과 식상이 合身(합신)해 오면
  (2) 정을 그리워하는 여자로 결국에는 파탄을 겪고 눈물 짓게 된다고 추리한다.
※ 日藏官食 + 他柱合官食女 → 外情(외정)으로 다른 남자의 아이를 가져 본다.

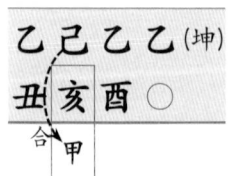

▶ 己亥일생이
  (1) 日支 亥 中 甲木과 암합을 하여
  (2) 주위 시선을 피해 몰래 사랑해 본다.

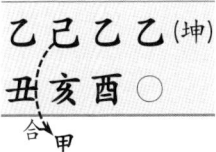

(3) 또 乙木 칠살이 중중하여
  ① 明暗夫集(명암부집) 상이라
  ② 여러 남자와 교제하다가
  ③ 첩이 된 사주다.

▶ 丁亥일생이
(1) 日支 亥 中 壬水와 암합을 하여
(2) 주위에서 인정받지 못한 연애를 해 본다.
(3) 時干에 癸水 칠살이 투출이라 일생 外情(외정)하여 많은 남자를 거느린 사주다.

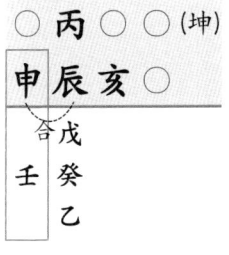

▶ 丙辰일생이
(1) 日支 辰 中 癸水 관성과 戊土 상관이 暗藏(암장)되어 있는데
(2) 다시 時支 申 中 壬水 편관과 戊土 상관이 三合으로 연결되니
(3) 外情(외정)으로 눈물짓게 된 사주다.

추명가 107	巳亥日支 놓은女命 夫婦因緣 바꿔지네, 宿命안고 태어나니 吉緣맺고 偕老하세. 사해일지 놓은여명 부부인연 바뀌지네, 숙명안고 태어나니 길연맺고 해로하세.
해 설	女命에서 日支에 巳나 亥를 놓은 사람은 음양이 변화하는 기운을 머금고 있어서 부부인연이 자주 바뀔 수 있으니 인연법을 잘 활용해서 선연과 악연을 구분하여 좋은 인연 맺어 해로하라.

■巳와 亥는
1) 음양의 교차 지점이자 분기점으로 변화하는 기운이 강하여
2) 정착이나 안정을 거부하게 되므로 換夫之星(환부지성)이 강한 특성이 있다.
※인연법을 활용하여 길연을 선별해서 잘 살아 보도록 해보자.

```
辛 乙 戊 ○ (坤)
巳 巳 申 ○
庚 庚 庚
```

▶日支에 巳를 놓고 관성인
(1) 巳 中 庚金과 申 中 庚金 그리고 편관 辛金이 중중하니
(2) 부부궁에 변화의 기운이 강하여 안정되지 못하고 살을 그리워하며 살아가는 사주다.

▶日支에 亥를 놓고 관성 또한 미약하므로

⑴시집가자마자 남편과 사별하고 다른 남자와 재혼한 사주다.

⑵부부궁에 亥 中 壬水 상관이 자리 잡고 月支에 戌 官庫를 놓았으니 인연법을 활용하여 길연을 찾는 것이 유익하다.

※因緣法眞如秘訣 공식 중,

⑼配星入庫(배성입고) 하면 破庫正配(파고정배)한다를 참조하면,

배우자의 六神이 入庫하면 破庫 즉 冲하는 것이 인연이라는 뜻이다.

①辛亥일생의 女命 역시 배우자의 六神 丙火가 戌을 보니 庫地에 들어갔다.

②破庫해야 하므로 冲하는 辰생을 만나는 것이 인연법의 활용법이 된다.

추명가 108	干與支同 多逢見劫 그대郎君 꽃밭으로,
	干與支同 多逢見劫 그대색시 유혹많네.
	간여지동 다봉견겁 그대부군 꽃밭으로,
	간여지동 다봉견겁 그대각시 유혹많네.
해 설	女命 사주에 간여지동에 비겁까지 많으면 남편이 인기가 많고, 男命 사주에 간여지동에 비겁이 많으면 부인이 인기가 많다.

■女命이든 男命이든 간여지동에 비겁까지 중중하면
1) 배우자가 뭇사람들의 유혹이나 인기가 많아서 불안하다.
2) 단, 사회 활동을 할 경우 그 수를 면할 수도 있다.

보통 女命에서 관살이 많거나 혼잡하면 난잡하다고 하지만 조직 사회로 들어가면 그 액을 면할 수 있는 것과 일맥상통한 이치다.

▶甲寅일생으로 간여지동에
 (1) 月支 卯 中 乙木과 年支의 寅 中 甲木 등 비겁이 중중하여 身旺 官衰하니
 (2) 부군이 호색하여 뭇 여성들에게 인기가 많아 부인이 힘든 사주다.

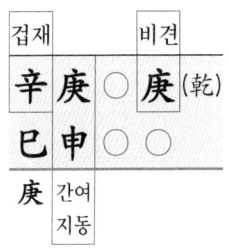

▶庚申일생으로 간여지동에
(1) 비겁인 庚辛金이 중중하여 부인이 밖에 나가면 인기가 많아 늘 불안하다.
(2) 부인이 사회 활동을 하면 그 액을 면할 수 있으니 부인에게 사회 활동을 권하는 것이 마음이 편하다.

◆ 남편 출세 시키는 여성

추명가 109	官星一氣 秀氣되고 官星吉神 되고보면, 그대夫君 출세시켜 그대또한 貴人일세. 관성일기 수기되고 관성길신 되어보면, 그대부군 출세시켜 그대또한 귀인일세.
해 설	女命 사주에서 관성이 一氣로 빼어나고 관성이 길신이 되면 남편이 출세하고 본인 역시 貴人이 되며 영화를 누리게 되는 것이다.

■女命에서 관성은 남편이 되므로
1)모름지기 관살혼잡을 두려워하는 바 정관과 편관이 혼잡 되면 남편궁이 좋지 못하다.
2)그런데 관성이 혼잡하거나 多逢(다봉)하지 않고 官星 一氣(관성일기)로 秀氣(수기)되면 남편과 命主 모두 부귀하다.
3)관성이 길신이 되는 것은 用神이나 喜神 등에 해당하면 命主도 부귀한 부인이 된다고 추리하는 것이다.

```
○ 丙 庚 乙 (坤)
○ 辰 辰 亥
        천을
        귀인
         壬
```

▶丙辰일생으로
(1)亥가 천을귀인이며
(2)관성인 亥 中 壬水가 深藏(심장)되어
(3)귀부인이 된 사주다.

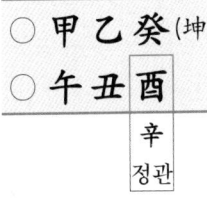

▶甲午일생으로
(1)정관 酉 中 辛金이 一氣有力(일기유력)하여
(2)夫榮子貴(부영자귀)한 사주다.

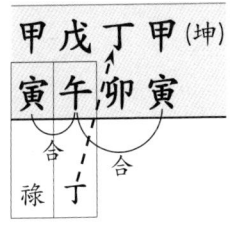

▶戊午일생으로
(1)지지 寅午 火局하고 月干에 丁이 투출하여 강한 듯하나, 時干 甲 관성이 지지 寅에 祿根하여 유력하다.
(2)자신은 학업을 많이 하지는 못했지만, 남편의 로스쿨을 적극 지원하여 남편이 변호사가 되어 자신의 명예도 동반 상승했다.

◆ 연상 연하 인연

추명가 110	日支食傷 놓은 女性 年下男과 因緣 있고, 壬癸日柱 女性四柱 老郞年下 因緣 있다. 일지식상 놓은여성 연하남과 인연있고, 임계일주 여성사주 노랑연하 인연있다.
해 설	일지에 식상이 있는 여성 사주는 자신보다 나이가 어린 남성과 인연되기 쉽다. 그리고 일지에 관살을 둔 남성은 자신보다 나이가 많은 여성과 인연 되기 쉽다. 여성 사주의 일주가 壬癸인 경우 통상의 나이보다 차이가 많이 나는 연상의 남성과 인연되고, 그렇지 아니할 경우 연하의 남성과 인연되는 경향이 있다 (*壬 일주보다 癸 일주가 더욱 그러하더라).

癸 癸 甲 壬 (坤)
亥 卯 辰 寅
　 식상

▶5세 연하 丁未생 남편과 살고 있다.

○ 乙 ○ 己 (坤)
○ 巳 ○ 酉

▶11세 많은 戌생 남편과 살고 있다.

제5절 나의 자식은 어떠한가

◆ 자식 인연과 부귀

추명가 111	食神傷官 刑冲女性 子息因緣 멀어지고, 官星刑冲 男性八字 子息因緣 아쉬워라. 식신상관 형충여성 자식인연 멀어지고, 관성형충 남성팔자 자식인연 아쉬워라.
해 설	坤命에서 식신과 상관이 刑이나 冲되면 자식과 인연이 약하고, 乾命에서 관성이 刑이나 冲되면 남자 역시 자식 인연이 약하다.

■坤命의 경우
1) 식상이 자식이 되는데 식상이 刑이나 冲이 되면
2) 자식을 늦게 보거나 자식을 낳더라도 자식과의 인연이 약하다.

■乾命의 경우는
1) 관성이 자식이 되므로 관성이 刑이나 冲이 되면 그와 같다.

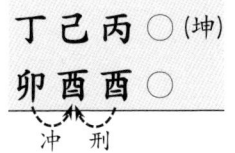

▶酉 中 辛金이 식신(자식)이다.
 (1) 時支 卯와 冲을 하고 酉酉 自刑으로
 (2) 자식 생산이 어려운 명조다.

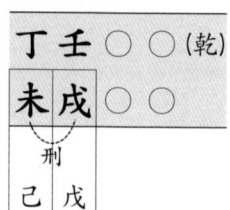

▶戌 中 戊土와 未 中 己土가 관성 (자식)이다.
⑴ 서로 戌未刑을 이루니
⑵ 자식과의 인연이 약하거나 멀다.

추명가 112	時柱官殺 吉神乾命 좋은子息 기대하나, 時柱官殺 凶神乾命 子息걱정 계속되며. 시주관살 길신건명 좋은자식 기대하나, 시주관살 흉신건명 자식걱정 계속되며.
해 설	男命 사주에서 時柱가 길신이거나 관살이 길신이면 좋은 자식을 볼 수 있으나 時柱가 흉신이거나 관살이 흉신이면 자식으로 인해 노심초사하게 된다.

■時는 자녀궁이 되므로

1) 時柱에 喜神이나 吉神이 자리하고 있으면 귀한 자손과 인연이 된다고 해석한다.
2) 반대로 자식궁인 時柱에 忌神이나 凶神이 있고 官庫 등이 있으면 자손에 근심이 있다고 보면 된다.
3) 또한 男命에서 자녀는 官殺이 되는데
   (1) 喜神이나 吉神이면 자손이 귀하게 되며
   (2) 忌神이나 凶神이면 반대로 추리하게 되는 것이다.
4) 이와 같이 男命에서 자식의 吉凶은 時柱의 관계와 官殺의 동향을 살펴서 판단한다.

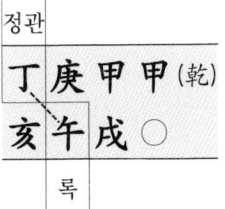

▶ 庚午일생으로 正官이 秀氣하여 세 자녀를 두었는데 모두 다 귀하게 된 사주다.

	관성	
壬	乙	庚	戌 (乾)
午	○	申	子
	천을	천을

▶ 乙 日主가
(1) 庚申月 官星이 秀氣하고,
(2) 천을귀인이 年月 官印에 임해
(3) 자식과 자신이 귀하게 된 사주다.

추명가 113	時柱食傷 吉神坤命 좋은子息 기대하고, 時柱食傷 凶神坤命 子息걱정 계속되네. 시주식상 길신곤명 좋은자식 기대하고, 시주식상 흉신곤명 자식걱정 계속되네.
해 설	女命 사주에서 時柱가 길신이거나 식상이 길신이면 좋은 자식을 볼 수 있으나 時柱가 흉신이거나 식상이 흉신이면 자식으로 인해 노심초사하게 된다.

■女命에서 食傷(식상)은 자식이 되므로
1) 저마다 淸秀(청수)하여 투출하고 通根(통근)하면 귀한 자식의 발복을 보게 되며
2) 時柱나 食傷(식상)이
　(1) 喜神이나 吉神이면 귀한 자식과 인연이 된다고 추리한다.
　(2) 반대로 時柱나 食傷(식상)이 忌神이나 凶神에 해당하면 자식으로 인해 근심이 깃들고 불행하다고 추리한다.

식신			
乙	癸	丁	○ (坤)
卯	巳	丑	○
천을			

▶癸巳일 乙卯시가 되어
　(1) 자식성이 秀氣(수기)하고
　(2) 천을귀인에 해당이라
　(3) 귀한 자녀를 둔 사주다.

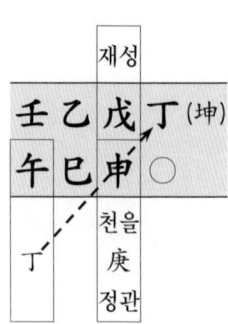

▶乙巳일 午시에
(1) 丁火 食神(식신)이 투출하고
(2) 財官이 實(실)하여
(3) 두 아들이 대부가 된 사주다.

추명가 114	乾命四柱 官殺太弱 多逢食傷 刑冲되면, 子息因緣 멀리있고 뜬눈으로 잠못이뤄. 건명사주 관살태약 다봉식상 형충되면, 자식인연 멀리있고 뜬눈으로 잠못이뤄.
해 설	男命 사주에서 관살은 자식이 되는데 관살이 太弱하고 식상을 여럿 보는 가운데 刑이나 冲까지 되면 자식과 인연이 멀고 자녀 근심으로 잠을 이루지 못하네.

■男命에서 官殺(관살)은 자식성이 되는데

1) 官殺(관살)을 剋(극)하는 食傷(식상)을 거듭 보아 食傷太旺(식상태왕)하면 자식성이 되는 官殺(관살)이 傷(상)하고 무력하게 된다.
2) 거기에 刑이나 冲까지 당하게 되면 자식으로 인해 근심 걱정이 끊일 날이 없다.
3) 관살태약+다봉식상+刑冲 이 3가지가 동시에 만족되면 백발백중 자식으로 애를 먹는다고 추리한다.

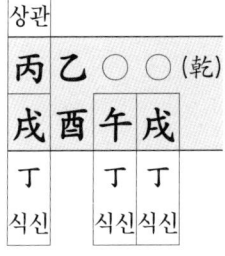

▶乙酉일 丙戌시로
(1) 時上 상관이고
(2) 戌과 午 中 丁火 다봉식상이라
(3) 無子한 사주다.

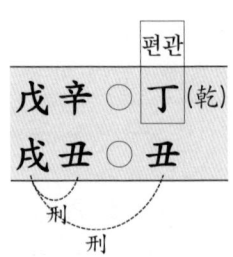

▶辛 日主의
(1) 관살인 丁火가 심히 弱한 가운데
(2) 泄多無救(설다무구)하고
(3) 丑戌刑까지 되니
(4) 無子를 못 면한 사주다.

추명가 115	坤命食傷 그역시도 곤명식상 그역시도	食傷太弱 걱정이니 식상태약 걱정이니	多逢印星 絶孫될까 다봉인성 절손될까	刑冲되면, 걱정이라. 형충되면, 걱정이라.
해 설	女命 사주에서 식상은 자식성이 되는데 식상이 太弱하고 식상을 극하는 인성이 중중하고 刑이나 冲까지 되면 자손이 끊어질까 노심초사로 눈물 짓네.			

■女命에서도 時柱는 자식궁으로 男命과 같이 보며
1) 女命의 자식성은 食傷(식상)이 되는데 그 식상이 약하고,
2) 梟神 즉 편인이 있으며 인수가 많이 있으면 자식성에 해당하는 食傷(식상)을 剋하는 형상이되어 無子하기 쉽다고 추리한다.
3) 女命 역시 식상태약+다봉인성+刑冲 이 3가지가 동시 만족이면 백발백중 자식으로 인한 근심이라 추리한다.

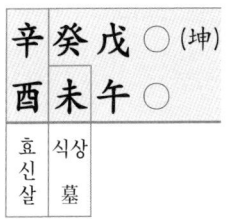

▶癸未일생으로
(1) 日支가 식상의 墓(묘)이고
(2) 時柱가 梟神殺(효신살)이라
(3) 無子 사주다.

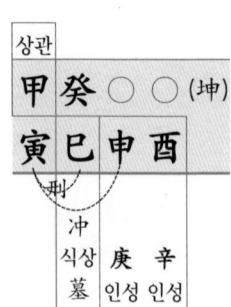

▶巳일생으로
(1) 時柱에 상관이 자리 잡고 있으나
(2) 年月에 인성을 놓고
(3) 刑과 沖을 맞아
(4) 결국 無子한 사주다.

추명가 116	印星行運 맞은女命 子息因緣 멀어지고, 食傷行運 重重해도 夫君因緣 떠나가네. 인성행운 맞은여명 자식인연 멀어지고, 식상행운 중중하면 부군인연 떠나가네.
해 설	여명에서 식상은 자식에 해당된다. 그런데 대세운에서 인성운을 만나게 되면 자식성인 식상이 극을 받게 되므로 자식과 인연이 멀어지거나 자식에게 예상치 못한 흉사가 발생하게 된다는 의미이다. 그리고 여명에서 관성은 남편에 해당되는데, 식상운을 만나게 되면 식상에 의하여 남성성인 관성이 극을 받게 되므로 남편과 인연이 멀어지거나 남편에게 예상치 못한 흉사 등이 발생하게 된다는 의미이다. 혹자는 이 식상운에 자식을 생산하면서 그 남편과 생사 이별을 하거나 남편이 실직 등 일이 일어나는 경우도 많이 경험하게 된다.

■사주에서 인성 행운을 만나면 자식인 식상이 파극당하여 자식과 인연이 멀어지고,
식상 행운을 만나면 남편 관성이 파극당하니 남편과 인연이 멀어간다.

제6절 무슨 직업으로 살아갈까

◆ 법조계

추명가 117	官印相生 놓은八字 貴한命運 틀림없고, 金水雙淸 泰山兼備 法曹界에 이름있소. 관인상생 놓은팔자 귀한명운 틀림없고, 금수쌍청 태산겸비 법조계에 이름있소.
해 설	관성과 인성이 상생되면 어느 분야이건 활동 분야에서 중심인물이 되고, 金水 상관 사주에 戊土가 透干 되면 법조계에 종사한다.

■ 官과 印이 相生하는 사주는

어느 분야든 조직에서 중심이나 주류가 되고 그 분야에 전문가가 된다.

■ 金水 傷官(상관)사주에

戊土가 透干 되면 판사, 검사, 변호사, 법학 교수 등 법조계와

인연이 있다.

(*金水 상관은 날카롭고 예리하며 직관력이 뛰어나다.)

金水 상관에 해당하는 경우(예시)

(1) 辛金 日干이 亥月에 태어난 경우.
(2) 辛金 日干이 亥月에 태어나고 天干에 壬水가 있는 경우.

⑶辛亥 일주, 庚子 일주 자체도 해당된다.
⑷庚金 日干이 子月에 태어나고 天干에 癸水가 있는 경우.

인성		인성	
丙	戊	丙	甲 (乾)
辰	寅	寅	寅
乙	甲	甲	甲
관성	관성	관성	관성

▶火土 官印이 相生하여
 ⑴한 분야에서 중심적 위치에 있으며
 ⑵전문가로 활동하고 있다.

◆ 외국계 회사, 군·경 인연

추명가 118	驛馬地殺 官印兼備 他國去來 관여하고, 殺印相生 兼備되면 軍警因緣 있어본다. 역마지살 관인겸비 타국거래 관여하고, 살인상생 겸비되면 군경인연 있어본다.
해 설	역마나 지살에 관성과 인성이 있으면 외국과 교역에 종사하고, 편관이 인성으로 통관되는 사주가 되면 軍, 警職에 종사하게 된다.

■명조 내 驛馬殺(역마살)이나 地殺(지살)이

1) 관성이나 인성에 위치하면 외국과 관련 있는 직업이나 외국과 교역하는 일에 인연이 있고,

2) 명조 내 편관과 인성이 통관하면 軍, 警과 관련된 직업에 인연이 있다.

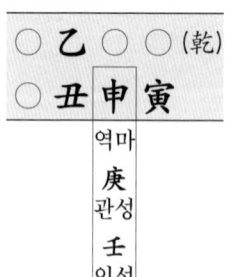

▶寅午戌生의 역마살은 地支 申이며
  (1) 日主 乙木의 관성이 申 中 庚金 이므로
  (2) 외국을 넘나들며 무역한다.

```
己 丙 壬 壬 (乾)
亥 辰 寅 申
      역마
      甲
      인성
```

▶申子辰생의 역마살은 地支 寅이며
 (1)丙火 日主의 인성이 寅 中 甲木이므로
 (2)외교관과 대사까지 지낸 사주다.

```
          칠살
癸 辛 丁 壬 (乾)
巳 巳 未 午
丙 丙 己 丁
정관 정관  칠살
```

▶살인상생자는
 (1)殺化爲權(살화위권)으로 德格(덕격)의 사주라
 (2)해경으로 총경까지 지냈다.

◆ 형사 입건

추명가 119	天羅地網 日支놓여 監禁事務 취해보고, 不然이면 監禁生活 當해보니 業緣이요. 천라지망 일지놓여 감금사무 취해보고, 불연이면 감금생활 당해보니 업연이요.
해 설	天羅地網이 日支에 있으면 감옥이나 경비 업무에 종사하고, 그런 일에 종사하지 않으면 교도소에 갇히거나 납치를 당할 수 있다.

■日支에 천라지망이나 수옥살(=재살)이 있으면
1) 감시하는 업무를 보게 되지만(→ 교도관이나 경비하는 업무가 여기에 속한다.)
2) 만약 그러한 직종에 인연이 닿지 않으면 납치나 감금을 당해 보거나 교도소에 들어간다.
※추명가 22, 120, 122번의 천라지망을 참조.

형사 입건, 감금, 입원, 납치

①재살운(수옥살운) - 내가 갇히거나 스스로 위축되는 것이다.
②식상(자유)이 庫에 들어갈 때이다.
③천라지망이 될 때 - 日支에 辰, 戌, 巳, 亥.
④日支가 刑, 冲이 될 때 (응용 : 食傷刑)

※십이신살도표 → 수옥살(=재살)

年支	겁살 劫殺	재살 災殺	천살 天殺	지살 地殺	연살 年殺	월살 月殺	망신 亡身	장성 將星	반안 攀鞍	역마 驛馬	육해 六害	화개 華蓋
寅午戌生	亥	子	丑	寅	卯	辰	巳	午	未	申	酉	戌
巳酉丑生	寅	卯	辰	巳	午	未	申	酉	戌	亥	子	丑
申子辰生	巳	午	未	申	酉	戌	亥	子	丑	寅	卯	辰
亥卯未生	申	酉	戌	亥	子	丑	寅	卯	辰	巳	午	未

壬	丙	壬	戊 (乾)
辰	辰	戌	寅
천라지망	천라지망	천라지망	

▶地支에
 (1)辰, 戌 라망살이 있어
 (2)특수 기관에 근무했던 사주다.

추명가 120	戌亥辰巳 病院生活 술해진사 병원생활	囚獄殺은 醫師患者 수옥살은 의사환자	監禁한번 矯導官職 감금한번 교도관직	當해보고, 因緣되오. 당해보고, 인연되오.
해 설	戌亥와 辰巳 天羅地網과 囚獄殺은 한 번은 갇혀 보고 그렇지 않으면, 병원 생활하거나 의사나 환자가 되거나 교도관으로 일할 수 있다.			

■천라지망과 수옥살(재살)이 명조 내에 있으면 갇혀 지내 보거나 병원에 입원하는 일이 생긴다.
혹은 의사, 교도관 관련 직종과 인연이 있다.
1) 현대 사회에서 일컫는 은둔형 외톨이나 일본의 히키코모리 같은 사회 현상도 이에 포함된다.
2) 천라지망은 하늘과 땅의 그물이란 뜻으로 도저히 벗어날 수 없는 경계망이나 피할 수 없는 재앙을 뜻한다.
3) 수옥살(=재살)의 의미 역시 갇히다, 스스로 마음과 행동을 제약하고 납치, 감금, 유괴, 체포 등의 의미가 있으므로 그 작용이 가중된다.

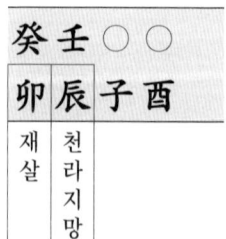

▶時支 卯가 재살(수옥살)이고
 ⑴日支에 천라지망 辰이 놓여 있다.
 ⑵형사 입건(구속) 우려가 있거나 수사 기관의 출석 요구, 감금, 입원, 납치를 당해 본다.

◆ 군경, 의사 인연

추명가 121	羊刃殺은 칼날이니 軍警醫師 因緣있고, 不然이면 手術因緣 틀림없이 있어본다.
	양인성은 칼날이니 군경의사 인연있고, 불연이면 수술인연 틀림없이 있어본다.

해 설	羊刃은 칼날 등에 의한 상처이므로 軍, 警, 醫師 직업에 종사하고, 그런 일에 종사하지 않으면 수술을 받을 일이 있다.

■명조 내 羊刃이 있는 사람은
1) 직접 수술 집도를 하는 의사나 군인, 경찰, 119 응급 구조 등의 직종과 인연이 있고
2) 만약 그러한 직종에 인연이 닿지 않으면 내가 수술을 받게 되는 경험을 한다.

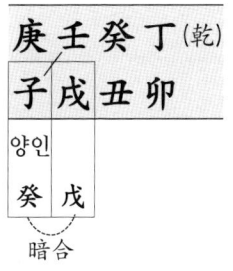

▶양인 子中癸水와 戌中戊土 칠살이 합하고 있다. 해양 사령관을 지낸 사주다.
  (1) 양인은 칼이요 칠살은 방패이므로 양인합살 자는
  (2) 인간의 생살권을 지닌 군경직과 인연이 있다.

추명가 122	日支逢刑 囚獄殺은 警察軍人 많이보고, 天羅地網 羊刃殺은 역시또한 軍警이요. 일지봉형 수옥살은 경찰군인 많이보고, 천라지망 양인살은 역시또한 군경이요.
해 설	日支가 刑殺이거나 수옥살(=災殺)은 군인, 경찰 많이 보고, 天羅地網이나 羊刃合殺도 그와 같다. 그 직업에 인연이 닿지 않으면 본인이 범법자가 되어 본다.

辰戌 巳亥 = 天羅地網(천라지망)

1) 하늘에서 놓은 그물, 덫, 전생의 業, 벗어날 수 없는 것.
2) 천라지망이란 하늘과 땅의 그물이란 뜻으로 도저히 벗어날 수 없는 경계망이나 피할 수 없는 재앙을 뜻한다.
3) 여기에서 戌亥는 천라, 辰巳는 지망인데 줄여서 라망이라고도 한다.
4) 활인이란 종교 신앙과 연관되며 戌亥 역시 천문과 관련되는데 혹 천라지망이 구설로 시작해 구속이 될 수도 있다.
5) 원래 辰戌 / 巳亥가 짝이 되는데 辰과 巳만 있어도 천라지망이 된다.
 사주 내 2개 이상이면 해당된다.

형사 입건, 감금, 입원, 납치

①재살운(수옥살운) - 내가 갇히거나 스스로 위축되는 것이다.
②식상(자유)이 庫에 들어갈 때 식상이 입고된다.
③천라지망이 될 때 - 日支에 辰, 戌, 巳, 亥.
④日支가 刑冲이 될 때 (응용 : 食傷刑)

■십이신살 도표 → 수옥살(재살)

年支	겁살 劫殺	재살 災殺	천살 天殺	지살 地殺	연살 年殺	월살 月殺	망신 亡身	장성 將星	반안 攀鞍	역마 驛馬	육해 六害	화개 華蓋
寅午戌生	亥	子	丑	寅	卯	辰	巳	午	未	申	酉	戌
巳酉丑生	寅	卯	辰	巳	午	未	申	酉	戌	亥	子	丑
申子辰生	巳	午	未	申	酉	戌	亥	子	丑	寅	卯	辰
亥卯未生	申	酉	戌	亥	子	丑	寅	卯	辰	巳	午	未

(※수옥살 천라지망에 대해 추명가 22번, 119, 120번을 참조)

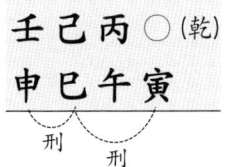

▶刑은 刑殺로서
(1) 刑權(형권)이 되어 군경직으로 볼 수 있다.
(2) 寅巳申 三刑이 俱全(구전)하여
(3) 경찰관이 된 사주이다.

▶寅午戌생의 수옥살(=災殺)은 子가 된다.
 (1) 子 수옥살을 이중으로 놓아
 (2) 경찰관이 된 사주다.

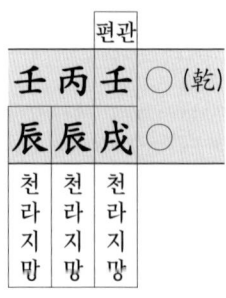

▶地支에
 (1) 辰戌 천라지망살이 거듭 있어
 (2) 특수 기관에 근무했던 사주다.

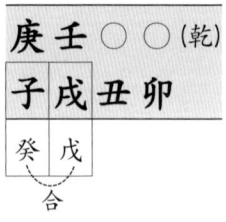

▶羊刃 子中 癸水와 戌中 戊土 칠살이 합하여 해군 사령관을 지낸 사주다.

추명가 123	殺印相生 놓은그대 忠臣임이 틀림없고, 不然이면 갇혀보니 이것또한 因緣인가. 살인상생 놓은그대 충신임이 틀림없고, 불연이면 갇혀보니 이것또한 인연인가.
해 설	殺印相生은 殺化爲權의 德格이라 충신이라 할 수 있고, 관직에 인연이 없으면 감옥에 갇혀 보니 조직 생활을 해야 한다.

■殺印相生(살인상생)은 충신의 명조이다.
1) 食傷(식상)으로 制殺(제살)하는 것도 좋지만 역적이 될 수 있기에 殺印相生(살인상생)하는 사주가 더 귀하고 충신이 많다.
2) 殺印相生格(살인상색격)은 관직 사회에서 청렴한 충신이다. 관직과 인연이 없으면 조직 생활이라도 하는 것이 좋다.

◆ 재정, 금융, 무역 인연

추명가 124	日柱因緣 財官庫는 財政金融 因緣있고, 食財驛馬 因緣되어 貿易産業 해보구나. 일주인연 재관고는 재정금융 인연있고, 식재역마 인연되어 무역산업 해보구나.
해 설	日柱와 財星, 官星, 庫支가 합하는 사주는 재정 금융 일을 맡게 되고, 식신과 財星에 역마가 붙는 사주는 무역업에 종사한다.

■日柱와 合을 한 財와 官이
1)庫支에 있으면 재정 금융 업무를 보게 되며
　(1)財와 官이 모두 庫支에 있으면서 日柱와 合하거나
　(2)財가 庫支에 있으면서 官과 合하거나
　(3)官이 庫支에 있으면서 財와 合하면은 재정 금융 업무를 보게 된다.
■食神(식신)과 財星(관성)이 驛馬(역마)에 해당하면
1)무역과 관련된 업무를 본다.
　[食神(식신)과 財星(재성) 외 경험에 의하면 官星(관성)이 驛馬(역마)에 임해도 무역과 관련된 일을 하여 본다.]

※戊辰 日柱 자체도 財와 官이 모두 日支 辰 속에 있으므로 역시 해당된다.

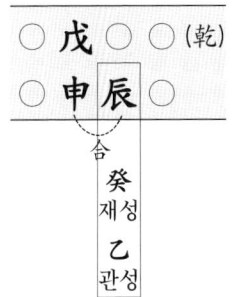

▶庫支인 辰 중의 乙木, 癸水 모두
 (1)戊土 日主에게는 관성, 재성이 되며 日支 申과 합하고 있다.
 (2)비록 직업이 검찰청에서 일한다 하더라도 이런 구조를 가지게 되면 조직 안에서 재정 업무나 총무직에 근무해 본다.

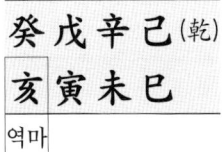

▶年支와 日支 각각 丑 財庫가 있고
 (1)時支에 辰 官庫까지 있어
 (2)금감원장을 지냈다.

```
癸 戊 辛 己 (乾)
亥 寅 未 巳
역마
```

▶財星을 나타내는 時支 亥가
 (1)驛馬(역마)에 해당한다.
 (2)철강 무역으로 대성했다.

```
己 丙 壬 丁 (坤)
亥 子 子 酉
역마
```

▶時支 亥가
 (1)驛馬(역마)에 해당하며 관성이 된다.
 (2)무역하는 기업가이다.

◆ 항공업 인연

추명가 125	巳臨驛馬 官印相連 航空産業 있어보고, 丙火星도 航空産業 巳中丙火 因緣인가. 사임역마 관인상연 항공산업 있어보고, 병화성도 항공산업 사중병화 인연인가.
해 설	巳火가 驛馬인 사주에 관성이나 인성이 서로 만나면 항공 산업에 종사하게 되고, 巳中 丙火의 인연으로 丙火도 항공 산업에 종사하게 된다.

■地支 巳가 驛馬(역마)이면서 일명 비행기 살이다.
1) 巳가 관성이나 인성이 되었을 때 항공 산업에 종사하고
2) 명조 내 地支 巳가 있든 없든 丙火만 있어도 그 자체로 驛馬星(역마성)을 띠며 이 역시 항공 산업과 인연이 있다.
   [驛馬(역마)의 地支가 巳가 아니고 申이든 寅이든 다른 驛馬(역마)의 地支라도 상관없다.]

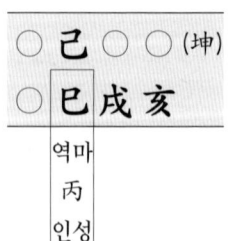

▶亥卯未 生에게
 (1) 驛馬(역마)는 巳이며 日主 己土에게
    巳 中 丙火는 인성이 되므로
 (2) 항공 산업과 인연 있다.

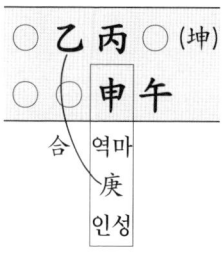

▶寅午戌 生에게
(1) 驛馬(역마)는 申이며 日主 乙木에게 申 中의 庚金은 관성이 되고
(2) 月柱 天干에 丙火까지 透干(투간)했으니
(3) 이 역시 항공 산업과 관련된 기술 직종에 인연 있다.

◆ 교육, 언론, 강사 인연

추명가 126	月逢印綬 官印相生 教育言論 해보고요, 食傷强旺 發願되면 人氣講師 틀림없네. 월봉인수 관인상생 교육언론 해보고요, 식상강왕 발원되면 인기강사 틀림없네.
해 설	月柱에 인성이 있고 관성이 生을 하면 교육계나 언론계 종사하고, 식신, 상관이 사주 내에서 旺하면 인기 강사가 될 것이다.

■月柱(月干 혹은 月支)에 인수나 편인이 있고
1)관성이 인성을 生해 주면 교육가나 언론가 되어 보며
2)게다가 식신이나 상관까지 旺하면 인기 강사, 독설가, 평론가, 논평가가 되어 본다.

> * (月 인수 + 관인상생 = 교육이나 언론계)
> +
> α (식신이나 상관 = 인기 강사)

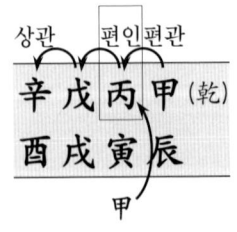

▶年干의 편관 甲木이
 (1)月干에 있는 편인 丙火를 生해 주니
 (2)교육가의 命인데
 (3)時柱에 상관까지 있으니 인기 강사가 되어 본다.

◆ 의술, 활인업 인연

추명가 127	鐵鎖開金 懸針天文 철쇄개금 현침천문	日支逢刑 놓은역시 일지봉형 놓은역시	醫藥醫術 活人業에 의약의술 활인업에	因緣되고, 있어본다. 인연되고, 있어본다.

해 설 鐵鎖開金이거나 日支가 刑을 만나면 의약, 의술업에 종사하고, 사주에 현침살이나 천문이 있어도 활인업에 종사한다.

鐵鎖開金(철쇄개금)

명조 내 卯酉戌이 있으면 역술이나 의술, 종교, 철강업 등과 인연한다.

懸針殺(현침살)

명조 내 甲, 辛, 卯, 午, 未, 申이 있을 때

※명조 내 천문을 나타내는 戌이나 亥 혹은 둘 다 있으면 활인업(=의료인이나 종교, 역술업 등)에 종사한다.

▶철쇄개금(鐵鎖開金)을 나타내는 卯酉戌이 다있고
(1)현침살(懸針殺) 卯와 천문 戌까지 중복되니
(2)의료업에 종사하는 사주이다.

| 추명가 128 | 日支逢刑 鐵鎖開金 懸針殺은 醫藥活人
因緣되니, 이것또한 先天因緣 인가보오.
일지봉형 철쇄개금 현침살은 의약활인
인연되니, 이것또한 선천인연 인가보오. |

| 해 설 | 刑殺은 찢고 째는 殺이며 鐵鎖開金은 자물쇠와 열쇠의 의미로 질병과 재난을 구한다는 의미다. 懸針殺은 바늘, 침을 뜻하므로 모두 日支에 있으면 의약업, 활인업에 종사해 본다. |

■刑殺은
1) 刑權으로 인간의 生殺權이 되므로
2) 판검사나 死活을 주관하는 집도의가 되는 경향이 많은데 서로 일맥상통함이 있다.

■鐵鎖開金(철쇄개금)은
1) 日支나 柱 中에 卯酉戌이 있는 자로
2) 역술이나 의술, 종교, 철강업 등과 인연한다
  (※철쇄개금 → 추명가 20번을 참조).

■懸針殺(현침살)은
1) 甲 辛 卯 午 未 申이 日主와 日支에 있거나 柱中에 다시 있으면 남의 생명을 구해 주는 活人星이라
2) 의약계에 종사하게 된다고 추리한다.

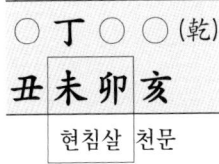

▶日支 未와 時支 丑이 刑이 되었다.
　⑴未와 卯는 懸針殺(현침살)이며
　⑵年支 亥는 天門星(천문성)으로
　⑶의약업, 종교 등과 인연한다.
　　약사로 병원을 건립한 사주다.

▶日支에 천문성인 戌이 있고
　⑴時支에 卯를 만나 鐵鎖開金(철쇄개금) 이루어져
　⑵의약업에 종사하는 사주다.

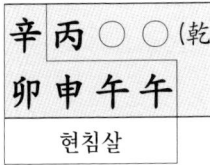

▶地支가 전부 懸針殺(현침살)이고
　⑴時干에 辛을 놓아
　⑵한의사로 명성을 날린 사주다.

◆ 요식업 인연

추명가 129	地連水局 놓은四柱 飮食業에 좋다하고, 食傷生財 이은역시 飮食業에 因緣있다. 지연수국 놓은사주 음식업에 좋다하고, 식상생재 이은역시 음식업에 인연있다.
해 설	지연수국 놓은 사주 음식업에 종사하고, 식신상관으로 재성을 생하는 사주 역시 음식업에 종사한다.

■地支에 연달아 水局을 이룰 때
1) 子子子 / 申子辰 / 亥亥亥 / 子亥申 / 子亥子亥 등
2) 요식업, 식당, 음식점, 주점, 숙박업과 같은 업종에 종사하고
3) 식신이나 상관이 財를 生하면 이 역시 식당, 음식점, 주점과 같은 업종에 인연이 있다.

▶명조 내 地支가
(1) 연달아 辰子子가 있어 요리를 좋아하고
(2) 요식업에 종사했었다.

◆ 외국계 회사, 외국어 인연

추명가 130	驛馬財星 海外財物 驛馬官星 海外職業, 驛馬印綬 海外學問 驛馬星을 觀察하라. 역마재성 해외재물 역마관성 해외직업, 역마인수 해외학문 역마성을 관찰하라.
해 설	驛馬殺에 재성이 있게 되면 해외에서 돈을 벌며 관성이 있게 되면 해외에 나가서 일해 보고, 그리고 인수가 있게 되면 외국어를 배우고 유학을 간다. 역마성을 잘 관찰하면 알 수 있다.

驛馬殺(역마살)+재성

해외에서 돈을 벌거나 국제결혼 해본다.

驛馬殺(역마살)+관성

해외에 나가서 일해 보거나 외근직, 외국계 회사, 무역 회사 등에 종사 해본다.

驛馬殺(역마살)+인수

외국어를 배우거나 해외로 유학을 간다. 출입국 허가 승인 등을 뜻한다.

■명조 내 食神(식신)과 財星(재성)이 십이신살의 驛馬(역마)에 해당하면 무역과 관련된 업무를 본다.

[食神(식신)과 財星(재성) 말고도 경험에 의하면 官星이 驛馬(역마)에 해당되어도 무역과 관련된 일을 하여 본대를 함께 참조바람.

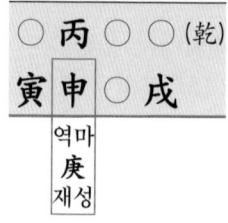

▶寅午戌생의 역마살은 申이 되며
 (1)申中庚金은 丙日主의 재성이다.
 (2)재성이 역마살에 놓였으니 돈을 벌기 위해
 (3)해외에 있는 회사에 취직하였다.

추명가 131	水木日主 驛馬地殺	水多四柱 重疊놓아	海外出入 異域萬里	잦아보고, 드나든다.
	수목일주 역마지살	수다사주 중첩놓아	해외출입 이역만리	잦아보고, 드나든다.

해 설 水 日主 혹은 木 日主는 명조 내 水氣가 많으면 해외 출입이 잦고, 명조 내 驛馬殺과 地殺이 둘 다 있으면 대외 활동이 많은 사람이다.

■水 日主든 木 日主든
  명조 내에 水氣가 많으면 해외 출입이 잦다.
■또 명조 내에 驛馬殺(역마살)과 地殺(지살)이 모두 있으면 대외 활동이 많은 사람으로 해외로 나가거나 지방 등 잦은 출장으로 한곳에 머물지 아니한다.

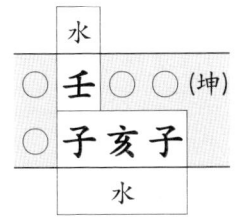

▶壬水 日主가 年月支에 각각 子亥를 놓아
  (1)명조 내 水氣가 많으니
  (2)해외 출입이 잦은 사주다.

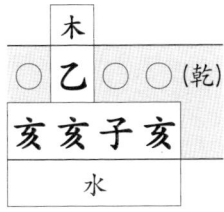

▶乙木 日主가 年月支에 각각 亥子를 놓아
  (1)명조 내 水氣가 많으니
  (2)해외 출입이 잦은 사주다.

▶申子辰생의 地殺은 申이고 驛馬殺은 寅이다.
 (1) 명조 내 驛馬殺(역마살)과 地殺(지살)이 모두 있다.
 (2) 대외 활동이 많고 한곳에 머물지 않으며 여기저기 출장이 잦은 사주다.

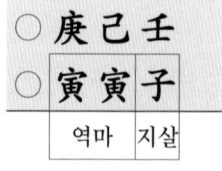

▶申子辰생의 역마살은 寅이다.
 (1) 월지와 일시에 역마가 중중하여
 (2) 회사 업무로 해외 파견이 잦은 사람이다.

추명가 132	財官合身 되어본자 財政擔當 인연되고, 木火驛馬 寅巳因緣 航空業界 인연있다. 재관합신 되어본자 재정담당 인연되고, 목화역마 인사인연 항공업계 인연있다.
해 설	財星과 官星이 합한 자는 재정 금융에 종사하며, 木이나 火가 역마라는것은 寅이나 巳가 역마가 되는 것으로 항공업과 관련된 업계에 종사한다.

■財와 官이 함께 日柱와 합하는 것은
 나 자신이 재물을 다루는 관직 또는 직장에 다닌다는 뜻이다.
■木火역마란 寅이나 巳가 역마에 해당되는 것으로
1) 원래 火의 성질은 위로 오르는 특성을 지녔으므로 공중으로 상승하는 비행기를 火 역마로 보는 것이다.
2) 寅 역마 역시 火의 장생지가 되므로 그와 같다.
3) 항공업에 인연이 있다는 의미는 파일럿이나 스튜어디스 같은 항공업과 직접적으로 관련 있는 직종 말고도
4) 공항 버스 기사나 공항 내 편의점 등 그곳에서 일하는 모든 사람들과 직종이 포함된다.

▶財官合身(재관합신)에 官庫合德 관고합덕)하여 경제통으로 의원이 된 사주다.

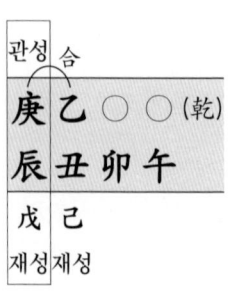

▶ 身旺財旺(신왕재왕)에 財官이 합신하여 은행총재를 지낸 사주다.

▶ 巳는 역마살이며
 (1) 巳 中 丙火는 관성이 된다.
 (2) 비행기 스튜어디스를 한 사주로 외국과 합작 사업도 하고 있다.

◆ 종교 인연

추명가 133	日時華蓋 天文星은 至誠으로 發願하고, 戊寅日柱 木火兼備 큰스승님 推戴받네. 일시화개 천문성은 지성으로 기도하고, 무인일주 목화겸비 큰스승님 추대받네.
해 설	日支와 時支의 화개살이 천문성이면 정성껏 발원하는 등 종교에 입신하고, 戊寅 日柱가 木火가 같이 있으면 큰 스승님으로 추대받는다.

■日支나 時支에
1) 십이신살 華蓋(화개)가 있거나
2) 천문인 戌과 亥가 있으면 종교적이며 사색적이고 철학적이다.

■戊寅 日柱가 명조 내 木과 火가 있으면 큰 스승님으로 추앙받는다.

```
○ 戊 ○ ○ (乾)
○ 戌 寅 寅
  화개
  천문
```

▶寅午戌生에게 華蓋(화개)는 戌인데
(1) 日支에 華蓋(화개)이자 천문인 戌을 놓았으니
(2) 사색적이고 현학적인 사람이다.

추명가 134	戊己日主 多逢印綬 宗教哲學 因緣있고, 易術相談 이역시도 그因緣의 線上이다. 무기일주 다봉인수 종교철학 인연있고, 역술상담 이역시도 그인연의 선상이다.
해 설	戊己는 土로서 信을 의미하며 인수를 많이 만나면 신앙이 두터워지는 것으로 보아 종교, 철학계에 종사하며 역술, 상담 등에도 종사한다.

■주중에 土多者는 土가 信이라
1) 土多는 信厚(신후)라 신앙이 된다고 해석하고
2) 종교인의 정신세계도 인간의 본질적인 생명을 다루는 분야가 되므로 종교, 신앙과 관계 있다고 추리한다.
3) 역술, 상담 역시 活人星(활인성)과 관계되므로 그 선상에 있다고 보는 것이다.

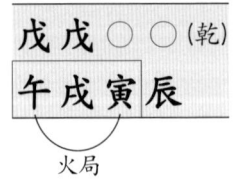

▶戊戌日생으로 寅午戌 火局을 놓아 스님이 된 사주다.

추명가 135	柱中華蓋	天門星도	宗教哲學	因緣되니,
	四柱哲學	迷信이다	단정짓지	말지어다.
	주중화개	천문성도	종교철학	인연되니,
	사주철학	미신이다	단정짓지	말지어다.

해 설 주중 華蓋, 天門星이 많은 사람은 종교, 철학에 인연되거나 역술, 상담직에 종사하기도 한다.

■주중에 華蓋(화개), 天門星(천문성)을 다봉하면
1) 종교, 신앙인의 길을 가지 않으면
2) 역술, 상담직에 종사하게 된다고 해석한다.
3) 대개 이에 해당자는 종교, 신앙과 역술 상담을 병행하는 경우가 많다.

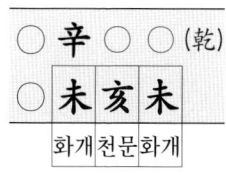

▶亥 天門을 月支에 놓고
 (1) 未 華蓋(화개)를 日支와 年支에 거듭 놓았다.
 (2) 명리학을 발전시킨 명리학자 사주이다.

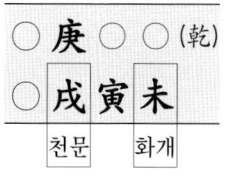

▶戌 天門을 日支에 놓고
 (1) 年支는 未 華蓋를 놓아
 (2) 명리학자가 된 사주이다.

추명가 136	偏印空亡 있어보면 易術宗教 因緣있고, 印星多逢 無財四柱 白髮書生 八字로다. 편인공망 있어보면 역술종교 인연있고, 인성다봉 무재사주 백발서생 팔자로다.
해 설	편인이 공망에 들면 역술이나 종교와 인연이 깊고, 인성이 많으나 재성이 미약하거나 없으면 한평생 공부하는 학자이다.

■편인은 역술과 종교 등 철학적인 의미가 있다. 그런데 편인에 공망이 덧붙여 있는 경우 오히려 역술과 종교에 깊은 인연이 있게 됨을 많이 경험한다.

인성은 학문이요 철학인데 만일 재물이 없다면 한평생 글 읽는 선비의 사주에 지나지 않는다.

◆ 주점, 룸살롱 인연

추명가 137	時傷官에 官不均者 接客業에 因緣있고, 水聚汪洋 花家之女 渭經論에 傳해오네. 시상관에 관불균자 접객업에 인연있고, 수취왕양 화가지녀 위경론에 전해오네.
해 설	時干에 상관이 있고 관성이 혼잡되어 있는 자는 접객업소에 종사하고, 사주에 水가 범람하여 바다처럼 왕성하면 기생, 접객부가 된다.

■時上傷官(시상상관)은
1) 연해자평에 「女命 상관은 福不眞인데 無財無印이면 守孤貧이라. 局中若見 傷官透면 必作當前 使喚人이라」 한곳에서 유래하며,
2) 대부분 일주가 해당되나 壬癸 일주가 時上傷官(시상상관)이면 주로 해당되는 경우가 많고,
3) 특히, 乙일주가 子丑월에 생하여 丙子시나 丙戌시를 만난 자이다.
   雪中梅花(설중매화)이나 雪中萬人(설중만인)을 위해 내면에 추위와 외로움을 안고도 미소 짓는 꽃이 되어 그렇다고 추리한다.

■官不均者(관불균자)란
1) 관살이 혼잡되었거나 건실하지 못하므로 남편 복이 없다고 추리한다.

2) 그러나 인연 따라 운명의 색깔이 바뀌므로 眞如秘訣(진여비결)을 잘 적용하여 추리하면 보다 더 밝은 세상으로 개운할 것이다.
3) 명리정종의 渭經論에 이르기를 「水聚汪洋하면 花街之女라」 한곳에서 유래한다.

심신이 정착하지 못하고 떠돌이 생활을 하는 화류계와 인연이 있게 되는 것이다.

術家에는 水가 많은 자는 情(정)이 많고 恨(한)이 많아 친절을 베풀면서 눈물짓는 삶을 산다고 전해온다.

단, 水多라도 범람을 막는 土제방이 수의 범람을 막는다면 오히려 부귀가 따른다고 하니 유의하라.

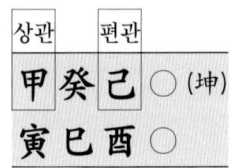

▶時上傷官(시상상관)에 官不均者(관불균자)라
  (1) 유흥업으로 돈은 벌었으나
  (2) 살 그리움이 많은 사주다.

설중매화격

▶乙일이 子월에 생하고 丙戌시를 만났으나 雪中梅花(설중매화)를 이루고 身旺官衰(신왕관쇠)하여 재색을 겸비한 기생이 되었다.

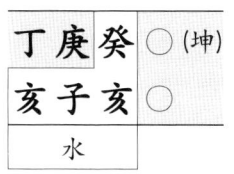

▶水多한데
(1) 水의 범람을 막는 土 제방이 없고
(2) 식상이 旺하고 官衰하니
(3) 안정을 얻지 못하고 눈물짓는 삶을 산다.
(4) 결혼을 하자마자 이혼하고 술집 생활을 하고 있는 사주다.

◆ 부귀한 인연

추명가 138	身旺官旺 三寄得位 萬人推仰 받아보고, 權刃相停 殺印相生 貴人四柱 틀림없소. 신왕관왕 삼기득위 만인추앙 받아보고, 권인상정 살인상생 귀인사주 틀림없소.
해 설	身旺 官旺하거나 三奇得位 될 때 만인의 추앙을 받아보고 權刃相停하거나 殺印相生이 되면 귀한 사주가 틀림없다.

■身旺官旺(신왕관왕)이란
1)日主와 官殺(관살)이 모두 強旺(강왕)하다는 의미이다.
2)즉 日主가 旺한 가운데,
 직업이나 벼슬, 명예 등을 나타내는 官殺(관살) 역시도
 旺(왕)하므로 맡은 바 책임을 다하고 다스릴 수 있다.

■三奇得位(삼기득위)란
1)사주내에 財官印(재관인)을 두루 갖추었다는 의미다.
2) 이 경우 貴格(귀격)으로 사람들의 존경을 받아 본다.

■權刃相停(권인상정)은
1)七殺(칠살)과 羊刃(양인)이 서로 合하여 즉, 羊刃合殺(양인합살)의 경우로써
2)대권을 장악하기도 하고 정치권 등지에서 권력이 따른다.

■殺印相生(살인상생)은
1) 관살이 혼잡하거나 관살이 旺한 경우 인성으로 관살의 기운을 설기하여 日主를 생조하는 경우를 말한다.
2) 권력과 德으로 化하게 되니 大貴가 따른다.

▶ 身旺官旺(신왕관왕)하여 일주와 관성이 모두 강하므로,
 (1) 국정에 참여하였다.
 (2) 만인의 존경을 받는다.

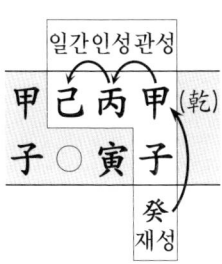

▶ 三奇得位(삼기득위)에 官印相生(관인상생)으로 부귀를 겸한 사주다.

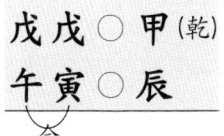

▶ 權刃相停(권인상정)으로 정치 지도자가 되어 권력이 따르는 사주다.

▶ 칠살 丑 中 己土와 未 中 己土는
 (1) 月干 辛과 酉 中 辛으로 通氣하여 日主를 도와 殺印相生이 되었다.
 (2) 時干에 戊土 정관이 투출되어 지도자가 되었다.

◆ 부자와 가난한 자

추명가 139	身旺財旺 食傷生財 富者四柱 틀림없소, 財庫因緣 四柱된자 가난뱅이 단정마라. 신왕재왕 식상생재 부자사주 틀림없소, 재고인연 사주된자 가난뱅이 단정마라.
해 설	身旺財旺하거나 食傷生財하면 부자 사주로 보며, 財庫가 명조에 있으면 가난뱅이라고 단정 짓지 마라.

■身旺財旺(신왕재왕)이란
1) 日主와 財星이 모두 強旺(강왕)하다.
2) 身(신)이 旺(왕)하면 理財(이재)의 능력이 뛰어나고, 財(재)기 旺(왕)한자는 理財(이재)의 능력과 理財(이재)할 기회가 많아 재물을 모을 수 있다.

■食傷生財(식상생재)란
1) 食神과 傷官이 財星을 生하게 되니 부자가 될 기회가 많다.
2) 만일 柱中에 財星가 있다면 더욱 그러하다.

■財庫(재고)가 柱中에 있으면
1) 가난뱅이로 단정 짓지 말아야 한다.
2) 財星이 庫에 根을 하고 있으므로 에너지원을 얻었다고 보는 것이다.

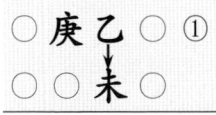 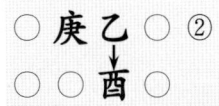

▶①번은 日主 庚의 財星인 乙이 木의 庫支인 未에 坐하고 있다(양간 기준). 乙이 未에 작게 뿌리 내리고 있으니 에너지원을 얻었다고 본다.

'庫'는 창고는 맞지만 '갇히다' 라고 보지 말라. 또 죽었다고 보아서도 안 된다.

庫는 '갇히다' 보다 '창고' 나 '머뭇거리다' 라는 의미로 보는 것이 옳다. 그러므로 하나의 에너지원으로 쓸 수 있는 것이다.

예를 들어 주유소 기름통에 기름이 있으면 언제든지 꺼내 쓸 수 있듯이 기름이 갇혀 있어서 못 쓰는 게 아니라 그저 담겨져 있을 뿐이다.

②번은 財星인 乙이 酉 胎地(양간 기준)에 위치하고 있기 때문에 에너지원이 없고 작은 根도 될 수 없다.

그래서 인연을 찾을 때 財星 乙이 살아남기 위해서 정록 정배 즉 卯생을 첫 번째 인연으로 삼고 만약 卯생을 찾아가지 못하면 未라는 自庫 인연이라도 찾게 된다. 自庫 인연은 업연이기 때문에 편안하지 못한 인연이다.

乙의 自庫인 未가 (乙)亥나 (乙)卯에 비해 형편없지만 (乙)酉보다는 괜찮다고 보는 것이다.

▶身旺財旺(신왕재왕)하여
 (1)理財 능력이 출중하고 기회가 많이 따르니 큰 부자가 되었다.
 (2)戊土 官이 귀한 사주다.

▶食傷生財(식상생재)하여
 (1)財星 丙火로 그 氣가 집중되니
 (2)대부한 사주다.

◆ 부자 사주

추명가 140	食神生財 成格하고 身旺財旺 이은四柱, 三合財局 逢祿兼備 만석꾼이 틀림없네. 식신생재 성격하고 신왕재왕 이은사주, 삼합재국 봉록겸비 만석꾼이 틀림없네.
해 설	식신이 財를 生하여 틀을 갖추고 身旺財旺이 형성되는 사주가 三合으로 財局을 이루고 祿을 坐하면 큰 부자가 틀림이 없다.

■食傷生財(식상생재)로 틀이 갖추어지고
1) 身旺財旺(신왕재왕)이 형성되는 사주가
2) 三合으로 財局을 이루고 祿까지 겸비되면 부자 소리 듣는다.

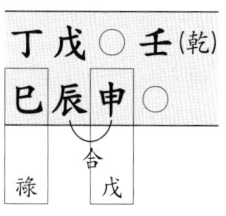

▶申月의 戊土가
 (1) 食神生財格(식신생재격)으로
   申辰 財局(재국)을 이루며
 (2) 時支에 祿까지 놓았으니
 (3) 부자 소리 들어본다.

추명가 141	財旺財庫 겸비하면 財星兼備 劫財無見	富者四柱 틀림없고, 역시富者 因緣이네.
	재왕재고 겸비하면 재성겸비 겁재무견	부자사주 틀림없고, 역시부자 인연이네.

해 설	命柱가 財旺하고 財庫까지 있으면 부자 사주이며, 비견으로 재성을 다스리고, 또한 겁재가 없다면 부자 사주다.

■사주에 財가 旺하고 財庫까지 있으면 부자 사주라 본다.
  ▶財庫는 재물의 창고이기 때문이다.
■재성과 비견이 있는 것은 비견으로 재성을 다스린다, 즉 관리할 능력이 있기에 부자라고 보는 것이다.
  ▶비견이 희신이나 용신이라기보다 재성을 다스린다는 의미 그 자체로 보아야 한다.
  겁재가 있는 경우에는 재성을 다스리는 것이 아니라 奪財(탈재)의 의미가 있으므로 부자라고 단정하기는 어렵다.

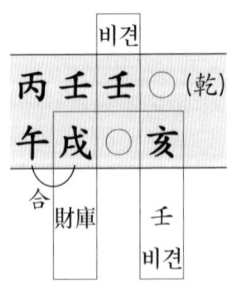

▶日主의 財가 旺하며
  (1)財庫인 戌까지 坐하고 있으니 부자 사주가 틀림없다.
  (2)명조에 겁재가 없고 亥中壬(비견)과 月干 壬(비견)이 있어 재성을 관리할 능력까지 부자 사주가 될 요건을 두루 갖추고 있다.

추명가 142	食傷多逢 財星無根 일은하되 收益없고, 財星多逢 食傷無根 努力보다 欲心앞서. 식상다봉 재성무근 일은하되 수익없고, 재성다봉 식상무근 노력보다 욕심앞서.
해 설	식상이 많이 있음에도 재성이 무력하면 일을 하되 재물과 연결이 어렵고, 재성이 많이 있지만 식상이 무력하면 노력을 하지 않고 욕심부터 앞선다.

- ■식상- 일, 보직,
  재성- 노력의 결과, 보수 및 봉급
- ■식상은 일 그 자체 혹은 보직을 의미한다. 그런데 재성이 무근하거나 없는 경우에는 일은 하되 그 보상을 받지 못하게 되는 경우를 말하므로 수익이 없거나 수익이 적게 되는 것이다.
- ■식상이 無根하다는 것은 일이 없거나 효율적인 일을 하지 못하는 경우를 말하는 것이다. 그러므로 재성은 많고 식상이 무근이라는 것은 효율적인 일을 하지 않고 수익만 기대하는 꼴이 되므로 욕심이 앞선다고 한 것이다.

◆ 실업자와 자영업자

추명가 143	無官無財 構成四柱 就職자리 그림구나, 比劫食傷 構成四柱 自營業에 因緣이다. 무관무재 구성사주 취직자리 그림구나, 비겁식상 구성사주 자영업에 인연이다.
해 설	관성과 재성이 없는 사주는 조직과 보상(봉급)이 없는 것이므로 취직이 어렵다. 그리고 비겁과 식상이 함께 있으면 직장인보다 자영업자가 많다.

■관은 조직이고 재는 보상이 되는데
1)관성과 재성이 없는 것은 조직과 보상이 없는 경우가 되므로
2)취직이 힘들고 취직이 되었다고 하더라도 긴 인연은 힘들다고 하는 것이다.

■사주에 비겁이 있으며 그 비겁에 식상이 놓여 있는 것은
1)내가 하는 일을 타인이 대신하는 구조가 되는 것이므로
2)사업가라고 하는 것이다. 이를 食傷代生이라고 한다.

◆ 대기업 인연

추명가 144	日柱連坐 財官印은 公職이나 大企業에 因緣있고, 不然이면 그配偶者 因緣이네.
	일주연좌 재관인은 공직이나 대기업에 인연있고, 불연이면 그배우자 인연이네.
해 설	일주를 포함해서 재성, 관성, 인성이 놓여 있는 경우에는 공직이나 대기업에 인연이 있는 것이다. 만일 본인이 그렇지 아니할 경우에는 반드시 그 배우자가 그런 직업군에 포함한 경우가 해당된다.

■인성(계약)+관성(조직)+재성(봉급)→ 공직, 기업 등
1)정관을 인수가 통관시켜 주는 것이다.
2)官印相生은 공무원 등 안정된 직업을 갖는 경우가 많다.
3)때로는 교육자나 언론인의 길을 걷는다.

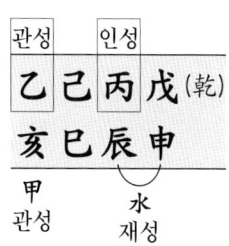

▶月에 丙을 두고 年月 申辰 水局이며, 시주 관성 乙亥가 강하다.
이때 일주도 강하므로 대기업에 취직하였다.

◆ 공무원, 교육, 언론계 인연

추명가 145	官印相生 正官正印 公職生活 因緣있고, 官印相生 月逢印綬 教育言論 因緣있네. 관인상생 정관정인 공직생활 인연있고, 관인상생 월봉인수 교육언론 인연있네.
해 설	官印相生 되거나 正官格 正印格은 공직 생활을 해 보고, 官印相生 되거나 月柱에 인수가 있으면 공직은 물론 교육, 언론 분야에도 종사해 본다.

■官印相生은
1)정관을 인수가 통관시켜 주는 것이다.
2)官印相生은 공무원 등 안정된 직업을 갖는 경우가 많다.
3)때로는 교육자나 언론인의 길을 걷는다.

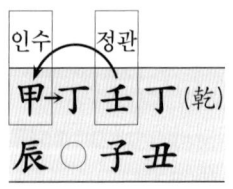

▶月柱에 壬水 정관과 時上 甲木 인수를 놓아 官印相生格이 되었다.
 정년퇴직한 청렴한 공직자 사주다.

◆ 예술계 인연

추명가 146	食神傷官 言辯卓越 藝術分野 因緣있고, 藝術분야 進出하면 그대才能 出衆하다. 식신상관 언변탁월 예술분야 인연있고, 예술분야 진출하면 그대재능 출중하다.
해 설	食神傷官의 특징이 예술성을 말하므로 그 분야에 진출하면 이름을 날린다.

■食神(식신)과 傷官(상관)은 나의 才氣를 외부로 표현하는 것이다.
1) 언변이 탁월하여 교육, 언론계에 종사하지 않으면
2) 주로 연극, 영화, 무용, 문예 창작과 같은 문화, 예술계로 진출하는 것을 많이 본다.
3) 食傷은 예술성과 재능을 마음껏 표출하는 것이기에 문화, 예술계에서 큰 명성을 얻기도 한다.

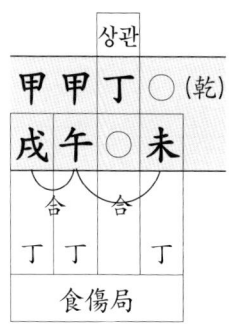

▶午戌 食傷局(식상국)에
 ⑴상관 丁火가 투출하고 戌時다.
 ⑵만능 연예인의 사주로 큰 명성을 얻었다.

◆ 인사 이동, 문서 사기

추명가 147	食傷刑冲 맞이하면 그대職業 補職變動, 印星刑冲 되어보면 文書契約 조심하소. 식상형충 맞이하면 그대직업 보직변동, 인성형충 되어보면 문서계약 조심하소.
해 설	식상에 형충이 있는 것은 직업이나 보직에 변동이 있는 것이요. 인성에 형충이 있는 것은 문서, 계약, 서류 등에 문제점이 있는 것이니 조심하여야 한다.

■食傷(식상)은 일 혹은 업무 그 자체를 의미한다.
그런데 식상에 刑이나 冲을 하는 경우 일 혹은 업무에 변화가 있게 되니 보직이 변동된다고 본 것이다.

■印星(인성)은 문서, 서류 등을 의미하는데
그 자리에 刑이나 冲이 있다는 것은 문서와 서류에 변화를 의미한다. 그러므로 주의 깊은 거래를 해야 한다는 것이다.

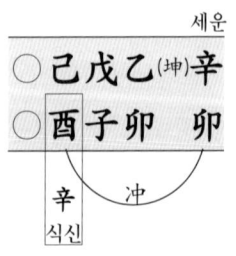

▶辛卯년에 食傷(식상) 酉가 冲이 되어 부산 해운대에서 기장으로 근무지를 옮기면서 보직 변경도 있었다.

◆ 쌍둥이 인연

추명가 148	四柱構成 巳巳重重 坤命雙生 因緣있고, 亥亥重重 乾命雙生 因緣있어 보는구나. 사주구성 사사중중 곤명쌍생 인연있고, 해해중중 건명쌍생 인연있어 보는구나.
해 설	巳巳가 겹쳐 있으면 딸 쌍둥이를 보고, 亥亥가 겹쳐 있으면 아들 쌍둥이를 많이 본다고 고서에 나와 있다. 그렇지만 실제 경험해 보면 巳는 딸이고 亥는 아들로 구분할 이유는 없고, 어느 글자이든 2개 이상 중첩되는 경우에 쌍둥이와 인연이 있는 경우가 실제로 흔히 보인다.

```
己 丁 丁 乙 (坤)
酉 亥 亥 酉
```
▶아들 쌍둥이를 낳았다.

◆ 水多면 과연 정력이 좋을까

추명가 149	水多라도 精力無關 많이보니 水多好色 막말말고 부디부디 木旺四柱 살펴보소. 수다라도 정력무관 많이보니 수다호색 막말말고 부디부디 목왕사주 살펴보소.
해 설	水가 많거나 旺한 경우라도 정력과는 무관하니 호색가라고 단정할 수 없다. 오히려 木旺한 사주에 정력가가 많더라.

■흔히 명서를 읽은 사람들이 사주에 水가 많은 경우 호색가라고들 한다.

그렇지만 실제로 아무리 水가 많은 사주라 할지라도 반드시 호색가인 것은 아니고, 정력이 왕성한 것이 아닌 것을 많이 경험하고
오히려 水가 많은 사주라도 비뇨기과 상담을 받는 경우를 많이 보았다.

그런데 木이 旺한 경우는 水가 많은 경우에 비해 性기능이 왕성한 것을 보았는데 아무래도 木은 간담을 관장하면서 血을 생성하기 때문인가 생각된다.

제4장 사건 사고

◆ 교통사고

추명가 150	驛馬地殺 日支刑冲　交通事故　조심하소, 日柱白虎 놓일때도　交通事故　조심하소. 역마지살 일지형충　교통사고　조심하소, 일주백호 놓일때도　교통사고　조심하소.
해　설	驛馬殺 혹은 地殺이 日支와 刑이나 冲이 될 때 교통사고 조심해야 하고 日柱가 백호살이 될 때도 교통사고 조심해야 한다.

■驛馬殺(역마살)과 地殺(지살)은 여행이요 교통이 된다. 또 刑과 冲은 이탈이 되고 日支는 내 몸이 된다.

1) 그러므로 日支에 驛馬殺(역마살)과 地殺(지살)이 있고 刑과 冲이 되면 내 몸이 피상당하는 상으로
2) 교통사고 등 路上이나 여행 중에 횡액이 있게 된다.
3) 또한 日柱가 백호살이면 흉살이 나의 자리에 있으므로 교통사고나 수술 등 사고수가 많다고 보는 것이다.

白虎大殺(백호대살)의 통변

백호대살이란 것은 옛날 호랑이가 있던 시절에 호랑이에게 물리고 다치는 흉살을 백호대살이라고 공부했었다.

그러나, 현대 사회에서는 백호대살은 무엇인가? 호랑이 형태를 바꾸어 쇠로 된 호랑이 즉 차량, 오토바이 모두 백호대살이다. 호랑이가 한국 땅에서 사라졌지만 차량으로 백호대살이 살아 있다.

교통사고로 다치는 사람, 병원에 입원하는 사람들은 백호대살의 기운이 있다.
교통사고, 수술, 기타 사고로 피를 본다는 것이 백호대살이다.

백호대살의 종류

丁丑, 癸丑, 戊辰, 甲辰, 乙未, 丙戌, 壬戌

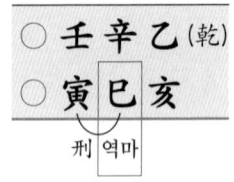

▶ 亥卯未生에게 驛馬殺(역마살)은 巳이다.
(1) 月支 巳는 驛馬殺(역마살)로
(2) 日支 寅과 刑을 하고 있어
(3) 교통사고에서 구사일생한 사주다.

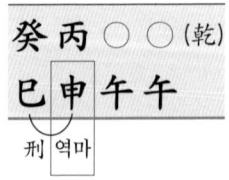

▶ 寅午戌生의 驛馬殺(역마살)은 申이다.
(1) 日支 申이 驛馬殺(역마살)로
(2) 時支 巳와 刑하여
(3) 교통사고로 병을 얻어 고생하는 사주다.

(4) 刑하여 오는 地支가 驛馬殺(역마살)이나 地殺(지살)이 아니라도 日支 자체가 驛馬殺(역마살)이 되어 刑을 맞으니 교통사고를 조심해야 한다.

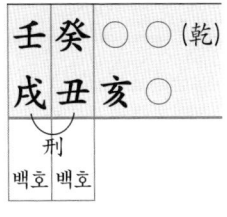

▶ 日柱가 癸丑 백호살이며
(1) 時柱 역시 壬戌 백호살로
(2) 相刑이 되어
(3) 노상에서 횡액사한 사주다.

◆ 신체장애, 흉터

추명가 151	寅日巳時 難治疾病 不具者를 많이보고, 酉日戌時 벙어리나 얼굴흉터 보게된다. 인일사시 난치질병 불구자를 많이보고, 유일술시 벙어리나 얼굴흉터 보게된다.
해 설	寅日 巳時에 태어난 사람은 난치병이 있거나 신체장애가 있는 경우가 많고, 酉日 戌時에 태어난 사람은 얼굴에 흉터 있는 경우가 많다.

■寅日 巳時가 되거나, 巳日 寅時이면
 난치병이나 질병으로 고통받는 사람을 많이 보게 된다.
 그렇지 않으면 사고수를 경험한다.

■酉日에 戌時가 되면
 간혹 말더듬이나 벙어리가 되기도 하고 그렇지 아니할 경우 얼굴에 상처를 입어 흉터를 가지는 경우가 있더라.

이것은 설진관 선생님의 경험에서 나온 이론이다.

◆ 객지 사고 등

추명가 152	驛馬刑冲 桃花刑冲 역마형충 도화형충	四柱因緣 되는때는 사주인연 되는때는	客地事故 色情色亂 객지사고 색정색란	橫死우려, 조심하소. 횡사우려, 조심하소.
해 설	역마에 형이나 충이 되는 경우는 여행이나 원행 중에 사건, 사고 조심하고, 도화에 형이나 충이 되는 경우는 이성 문제로 사건, 사고 있으니 조심하라.			

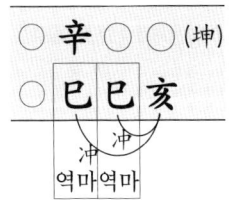

▶월일 巳 역마살이 亥와 冲이 되었다. 교통사고 머리를 크게 다쳤다.

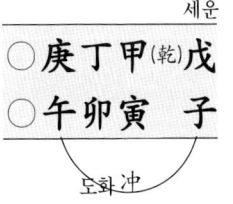

▶월지 卯 도화가 있다.
戊子年 직장내 경리 사원과 연애하다가 본처에게 들켜 별거하였다.

◆ 수술, 상처

추명가 153	白虎星에 업힌그대 手術凶事 어찌하나, 刑沖加重 되어보면 訟事離別 걱정되오. 백호성에 업힌그대 수술흉사 어찌하나, 형충가중 되어보면 송사이별 걱정되오.
해 설	사주에 백호대살이 있는 경우는 수술이나 흉한 일로 피를 보고, 백호대살이 있는데 刑이나 沖이 일어나면 그 육친이 송사에 휘말리거나 이별한다.

■白虎大殺(백호대살)의 통변

1) 백호대살이란 것은 옛날 호랑이가 있던 시절에 호랑이에게 물리고 다치는 흉살을 백호대살이라고 했었다.
2) 그러나, 현대 사회에서는 백호대살은 무엇인가? 호랑이 형태를 바꾸어 쇠로 된 호랑이 즉 차량, 오토바이 모두 백호대살이다.
3) 호랑이가 한국에서 사라졌지만 차량으로 백호대살이 살아 있다.
4) 교통사고로 다치는 사람, 병원에 입원하는 사람들은 백호대살의 기운이 있다. 교통사고, 수술, 기타 사고로 피를 본다는 것이 백호대살이다.

白虎大殺(백호대살) 종류

丁丑, 癸丑, 戊辰, 甲辰, 乙未, 丙戌, 壬戌

육친에 적용

(1) 편재가 백호살 : 부친에게 사고, 수술 등 흉사가 있다.
(2) 상관이 백호살 : 조모에게 사고, 수술 등 흉사가 있다.
(3) 재성이 백호살 : 고모에게 사고, 수술 등 흉사가 있다.
(4) 인수가 백호살 : 모친에게 사고, 수술 등 흉사가 있다.
(5) 비겁이 백호살 : 형제에게 사고, 수술 등 흉사가 있다.
(6) 식신이 백호살 : 장모에게 사고, 수술 등 흉사가 있다.

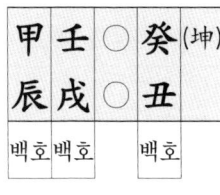

▶ 일주가 壬戌로 백호대살이다.
  (1) 본남편은 사망했고
  (2) 재혼하여 살고 있다.

제5장 특별 통변

◆眞如秘訣(진여비결), 因緣法(인연법)

추명가 154	眞如因緣 살펴보아 善緣惡緣 分別하여 世上사람 救濟하여 弘益人間 실천하세 진여인연 살펴보아 선연악연 분별하여 세상사람 구제하여 홍익인간 실천하세
해 설	사주 인연법인 진여비결을 통하여 선연과 악연을 구분하여 세상 사람들이 운명을 창조하도록 길을 안내하여 모두가 행복하게 살아 보세

■ 眞如秘訣(진여비결) [창안자: 현정 신수훈 선생님]

(1) 일주무근(日主無根)이면 정록정배(正祿定配)한다.

(2) 배성무근(配星無根)이면 기록정배(其祿定配)한다.

(3) 좌하배성(坐下配星)이면 투출정배(透出定配)한다.

(4) 좌하식상(坐下食傷)이면 투출정부(透出定夫)한다.

(5) 사화길성(巳火吉星)이면 투병정배(透丙定配)한다.

(6) 좌하길신(坐下吉神)이면 투출정배(透出定配)한다.

(7) 지장길신(地藏吉神)하면 투출정배(透出定配)한다.

(8) 일주입고(日主入庫)하면 개고정배(開庫定配)한다.

(9) 배성입고(配星入庫)하면 파고정배(破庫定配)한다.

(10) 신약명운(身弱命運)이면 자고정배(自庫定配)한다.
(11) 배약명운(配弱命運)이면 배고정배(配庫定配)한다.
(12) 칠살득세(七殺得勢)하면 합거정배(合去定配)한다.
(13) 칠살득세(七殺得勢)하면 통관정배(通關定配)한다.
(14) 칠살득세(七殺得勢)하면 제살정배(制殺定配)한다.
(15) 양인득세(羊刃得勢)하면 합거정배(合去定配)한다.
(16) 양인득세(羊刃得勢)하면 퇴신정배(退神定配)한다.
(17) 양인득세(羊刃得勢)하면 투출정배(透出定配)한다.
(18) 갑목활용(甲木活用)시는 경금정배(庚金定配)한다.
(19) 갑일화치(甲日火熾)시는 승룡정배(乘龍定配)한다.
(20) 갑일수탕(甲日水湯)시는 기호정배(騎虎定配)한다.
(21) 을일등라(乙日藤蘿)이면 계갑정배(繫甲定配)한다.
(22) 을목동결(乙木凍結)이면 병화정배(丙火定配)한다.
(23) 일주원진(日柱怨嗔)이면 불의정배(不宜定配)한다.
(24) 귀인독행(貴人獨行)이면 동반정배(同伴定配)한다.
(25) 도세주옥(淘洗珠玉)이면 임생정배(壬生定配)한다.
(26) 신경흔접(辛庚欣接)이면 경생정배(庚生定配)한다.
(27) 무기희구(戊己希求)이면 갑을정배(甲乙定配)한다.
(28) 화련진금(火煉眞金)으로 정생정배(丁生定配)한다.
(29) 법권념원(法權念願)하면 편관정배(偏官定配)한다.
(30) 주중이자(柱中二子)이면 합충정배(合沖定配)한다.

(31) 삼합일허(三合一虛)이면 허일정배(虛一定配)한다.

(32) 삼형일허(三刑一虛)라도 허일정배(虛一定配)한다.

(33) 용신합덕(用神合德)이면 합자정배(合字定配)한다.

(34) 용신부실(用神不實)이면 진신정배(進神定配)한다.

(35) 성격유병(成格有病)이면 제병정배(制病定配)한다.

(36) 거류서배(去留舒配)하면 성격정배(成格定配)한다.

(37) 급신이지(及身而止)하면 식신정배(食神定配)한다.

(38) 기운정체(氣運停滯)하면 통기정배(通氣定配)한다.

(39) 시주배세(時柱配歲)이면 근즉정배(近側定配)한다.

(40) 배성합덕(配星合德)이면 합자정배(合者定配)한다.

(41) 배성다봉(配星多逢)이면 조화정배(調和定配)한다.

(42) 배성득병(配星得病)이면 구병정배(救病定配)한다.

(43) 배성불견(配星不見)이면 정인정배(正引定配)한다

(44) 배성공협(配星拱挾)이면 인출정배(引出定配)한다.

(45) 초운배성(初運配星)이면 당해정배(當該定配)한다.

(46) 배성공망(配星空亡)이면 전실정배(塡實定配)한다.

◆ 형충회합 동정론

추명가 155	四柱秘訣 開運命理 眞如秘訣 속에있고, 動靜論을 앞세워야 精密判斷 하게되오. 사주비결 개운명리 진여비결 속에있고, 동정론을 앞세워야 정밀판단 하게되오.
해 설	사주 비결이 되는 개운법은 진여비결 속에 있으므로 선연인지 악연인지 잘 살펴볼 수 있다.

■動의 基本 原則

아주 重要하다. 地支는 合, 刑, 冲의 원칙에 의해서 地支의 地藏干이 움직인다. 地支에 寅이 있다면 寅 속에는 甲木, 丙火라는 地藏干이 있다.

寅門 닫힘
地藏干

甲木과 丙火의 地藏干이 아무 때나 나오는 것이 아니다.

寅에 어떤 충격이 가해질 때 地藏干이 움직인다.

寅이라는 글자가 그 자체로 있을 때는 靜함 가운데 고요하게 숨만 겨우 쉬고 있다.

寅이라는 호랑이가 가만히 있다.

그 속에 있는 甲木과 丙火도 가만히 있는 것이다.

寅을 깨워야 寅 속에 있는 甲木과 丙火가 透干된다.

寅을 깨우는 방법은 合刑冲인 것이다.

地藏干은 刑, 冲, 合으로 動함과 同時에 顯出 또는 透干 [(=動, 開庫)] 되는 것이 원칙이다.

(1)合: 三合, 半合, 六合(地合) 3가지이다.
▶힘의 세기와 天干 유인력은 의미가 없어 적용하지 않는다.
▶方合은 합으로의 영향력이 없다.
 힘의 논리에 의한 분류가 아니고 인간의 의식적 사고에 기인한 분류이기 때문이다.
(2)四庫 辰戌丑未의 경우 刑, 冲, 合으로 動하시민
 ①刑, 冲일 때는 顯出 또는 透干[=開庫(개고)] 된다.
 ②合일 때는 顯出 또는 透干[=開庫(개고)] 되지 않는다.

사례 - 1 | 子午

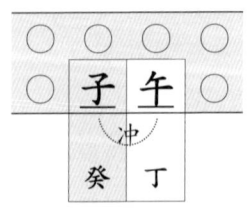

(1)子午冲이다.
(2)刑, 冲, 合의 경우에 地藏干이 動이 된다.
(3)따라서 子와 午의 地藏干 癸水, 丁火가 透干된다.

사례 - 2 | 丑戌

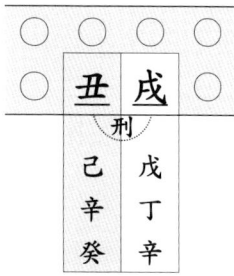

(1) 丑戌刑이다.
(2) 刑, 沖, 合의 경우에 地藏干이 動하여 開庫된다.
(3) 단, 四庫 辰戌丑未는 刑, 沖, 合에 動하지만 合에서는 開庫 되지는 않는다.
(4) 丑, 戌 地藏干 己辛癸, 戊丁辛이 透干 된다.

사례 - 3 | 子丑에 未運이 오는 경우

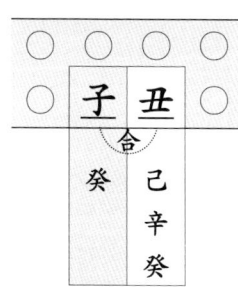

(1) 未가 오기 전 먼저 子丑合을 한다.
(2) 子는 刑, 沖, 合 경우 動되어 透干 된다.
 단 四庫 辰戌丑未는 合, 刑, 沖에 動하지만, 合에서는 開庫 되지 않는다.
(3) 子丑 합하여
 ▶ 子는 動이 되어 地藏干 癸는 透干 된다.
 ▶ 丑은 합이라 地藏干이 透干 되지 않는다.

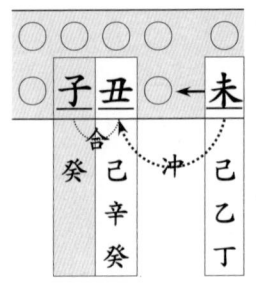

(4) 未가 와서 丑未冲을 한다. 둘 다 開庫하므로
- ▶丑의 地藏干 己土, 辛金, 癸水는 透干 된다.
- ▶未의 地藏干 己土, 乙木, 丁火도 透干 된다.

(5) 子, 丑, 未의 地藏干 모두가 透干 된다.

사례 - 4 | 子辰에 戌運이 오는 경우

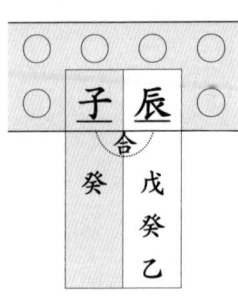

(1) 子辰 半合이 있는데 戌이 와서 辰戌冲도 한다.

(2) 刑, 冲, 合의 경우에 地藏干이 動이 된다.

 단, 四庫 辰戌丑未는 刑, 冲에만 開庫 된다.

(3) 子辰 半合에서
- ▶子는 動이 되어 地藏干 癸水가 透干 된다.
- ▶辰은 開庫 되지 않아 透干 되지 않는다.

(4) 戌이 와서 辰戌 冲하여 辰과 戌이 開庫 되므로
  ▶辰의 地藏干 戊土, 癸水, 乙木은 透干 된다.
  ▶戌의 地藏干 戊土, 丁火, 辛金도 透干 된다.
(5) 따라서 子, 辰, 戌의 地藏干 모두가 透干 된다.

사례 - 5 | 子酉辰에 申運이 오는 경우

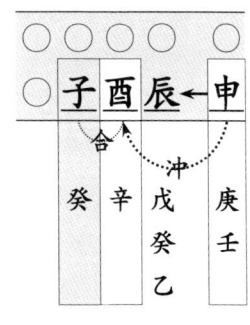

(1) 子辰 半合, 辰酉合을 하고 있는데 申이 와서 申子辰 三合과 辰酉合을 한다.
(2) 刑, 冲, 合의 경우에는 地藏干이 動이 된다.
   단, 四庫 辰戌丑未는 刑, 冲에만 開庫 된다.
(3) 申子辰 三合에서 申, 子는 合이라 動이 되어
  ▶子의 地藏干 癸水는 透干 된다.
  ▶申의 地藏干 庚金, 壬水도 透干 된다.

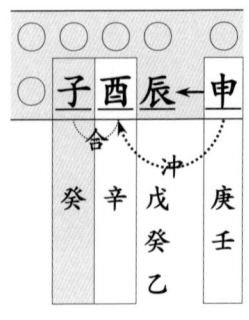

▶辰은 合하므로 開庫가 되지 않아 透干 되지 않는다.

(4) 辰酉合에서 酉는 合하므로 動이 되어
▶酉의 地藏干 辛은 透干 된다.
▶辰은 開庫 되지 않아 透干 되지 않는다.

(5) 따라서 子, 酉, 申은 合을 하므로 動이 되어 地藏干은 모두 透干 된다.

辰은 開庫 되지 않아 透干 되지 않는다.

사례 - 6 | 戌子未巳에 丑運이 오는 경우

(1) 戌子未巳에서는 戌과 未가 戌未 刑을 이룬다.

(2) 戌未刑을 하므로 戌과 未는 動해 開庫 되어

① 戌은 開庫 되고 地藏干 戊土, 丁火, 辛金은 透干 된다.

② 未는 開庫 되고 地藏干 己土, 乙木, 丁火가 透干 된다.

▶四庫는 刑冲에만 開庫된다.

(3) 子와 巳는 刑, 冲, 合을 하지 않고 動하지 않아 透干 되지 않는다.
(4) 따라서 戌子未巳 중에서는
  ① 戌, 未만 開庫 되어 透干 된다.
  ② 子, 巳는 動이 되지 않아 透干 되지 않는다.
(5) 위의 상태에서 運에서 丑이 오면

  ① 動하지 않은 巳는 丑과 巳丑合해 動하게 되어 地藏干 丙火, 庚金은 透干 된다.
  ② 子는 丑과 子丑合해 動하게 되어 地藏干 癸水가 透干 된다.
  ③ 丑은 合이라 動하지만 開庫는 되지 않아 그 地藏干 己土, 辛金, 癸水는 透干 되지 않는다.
(6) 丑은 丑未冲과 戌丑刑을 하므로

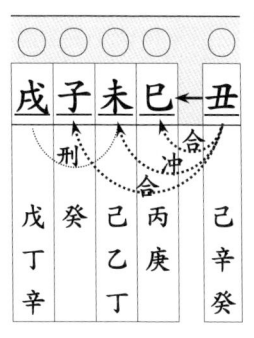

  ① 丑은 刑, 冲으로 開庫 되어 地藏干 己土, 辛金, 癸水가 透干 된다.
  ② 戌과 未는 戌未刑으로 이미 開庫 되어 있다.
(7) 결국 戌子未巳丑의 地藏干 모두 透干 된다.

◆ 내정법, 사계단법(일진명반) 비결

추명가 156	根苗花實 四階段法 來情法도 兼備하여, 吉凶禍福 精密判斷 自然스레 되어나니. 근묘화실 사계단법 내정법도 겸비하여, 길흉화복 정밀판단 자연스레 되어나니.
해 설	사계단법은 **根苗花實**을 근간으로 설명하는 내정법이니 한 치의 오차 없는 학문으로써 정확하게 익히기 바란다.

■사계단법(일명, 일진명반법, 낙화비법으로 불린다)은 根苗花實을 근간으로 설명되는 내정법이니 정확하게 익히기 바란다.

사 계 단 법

陰과 陽의 작용으로 세상(천지)은 존재한다. 같은 공간에 陰과 陽은 동시에 존재, 존립을 하고 生과 死는 동시에 존재, 공존하고 있는데 시간을 빼 버리면 한 공간에 음양이 동시에 움직이게 된다.

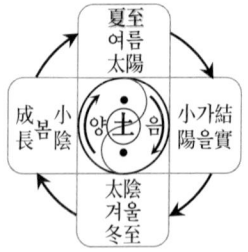

발산과 수렴을 같이 하기에 陰陽이 같이 존재하며 陰陽은 만물이 성장하는 봄과 성장의 절정이 되는 여름에 陰이 始生하고, 응축 시기인 가을과 씨앗을 저장하는 겨울에 陽이 始生

하는데 봄, 여름, 가을, 겨울을 四象이라 하고, 이는 根苗花實의 존재, 존립, 순환을 의미한다.

이 根苗花實은 자연 현상을 글로 표현한 것이다.

이 根苗花實을 활용, 응용한 것이 사계단법이다.

사계단법에서 日柱(根)는 선택과 갈등의 상황이고, 實은 나의 결실물이 되는 목적이며 목적사라 한다.

내가 결실을 맺기 위해서 씨를 뿌리는 것이다. 씨를 뿌리는 오늘 日辰(일진)을 根(근)이라 한다. 오늘 日辰 卯에서 씨를 뿌리면 미래 4진 卯辰巳午에서 결실을 맺게 된다.

그래서 첫 번째 卯, 두 번째 辰, 세 번째 巳, 네 번째 午에서 결실을 맺게 되므로 午는 목적이 된다.

오늘 卯 根에서 씨를 뿌리면 辰에서 싹이 트는데, 이 싹을 苗(묘)라고 한다.

씨를 뿌리면 뿌리가 내리며 싹이 나고 꽃이 피면서 열매를 맺는다.

꽃이 피는 세 번째 巳를 花(화)라 하며 꽃이 피어서 열매를 맺는 네 번째 午가 實(실)이 되어 根苗花實(근묘화실)을 이룬다.

여기서 巳와 午 글자에 반대되는 글자가 있을 수 있는데 巳 글자와 반대되는 글자는 亥가 되고, 午 글자와 반대되는 글자는 子가 된다.

地支에서 반대되는 글자를 冲이라 하고, 冲은 완성, 어우러짐을 말한다.

그러면 卯의 목적 午는 子에 이르러서 완성 되는 것이다. 오늘 卯라는 일진 根은 바로 이 순간 을 말한다. 그러면 바로 이 순간에 내일은 존재하지 않아서 없다. 또 그다음 날인 모레도 존재하지 않아서 없다. 또 그다음 날인 글피도 존재하지 않아서 없다.

즉 내일, 모레, 글피, 그다음 날들도 없다. 그제, 어제부터 내가 계속 걸어외 바로 이 순간까지 와 있다.

걸어온 경험은 있는데 앞으로 걷지 않은 내일, 모레, 글피 등의 걷지 않은 과정으로 계속 걸어가야 하는 것이다.

따라서 내가 걸어온 그제, 어제 등은 존재하고 경험한 과정으로 흔히 과거라 한다. 반대로 앞으로 내가 걷지 않았고 경험하지 못한 날로 걸어가야 하는 과정을 미래라고 한다.

과거라고 하는 것은 내가 걸었던 과정이라 경험한 사실이 쌓여 있고 내 유전자 DNA 속에 들어가 있다.

그래서 卯 뒤에 있는 경험한 사실을 有(유)라는 글자로 표현한다.

또한 미래에 경험하지 아니한 사실을 無(무)라고 하고 이 無는 없다는 개념이다. 때로는 无(무) 속에 無(무)의 개념을 내포하고 있다.

미래라고 하는 것은 없는 것으로 경험하지 아니한 사실이므로 巳와 午는 경험하지 아니한 사실이고 경험하지 아니한 사실의 반대되는 글자는 冲하는 글자로 亥, 子인데 冲은 반대이므로 경험한 사실이 되는 것이다.

따라서 巳, 午는 경험하지 아니한 사실로 없는 사실이며 亥, 子는 경험한 사실로 있는 사실이 되는 것이다.

그러면 설명하지 않은 辰, 卯에 대하여 설명하면 내가 앞으로 나아가기 위해 한걸음 내딛는 바로 그 순간으로 한 발은 현재 卯에 있고 한 발은 미래로 나아가 있는 상태라 辰에 들어갔는데 서로 인접해 붙어있어 앞으로 갔다고 할 수 없고 가지 않았다고도 할 수 없는 양쪽 다 걸쳐 있는 어중간한 상태로 있다.

오늘은 현재와 미래가 공존하고 있다.

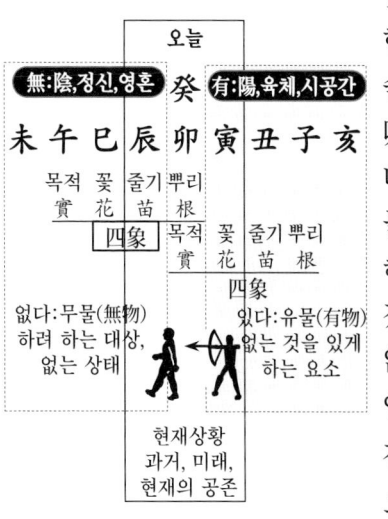

오늘은 과거(근묘화실 :子丑寅卯)에서 완성된 것이고 내일은 오늘에서 시작하여 근묘화실(卯辰巳午)로 만들어 가는 것이다.

그러면 씨를 뿌리면 싹이 나는데 辰에 싹이 있을까 없을까 하면 있다, 없다라고 단정하여 말할 수 없는 상태이다.

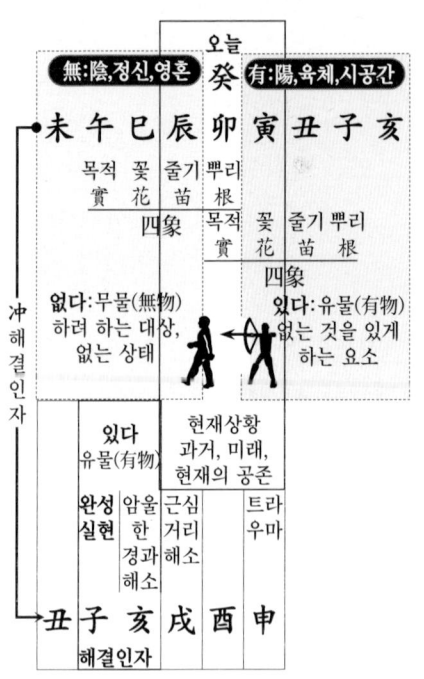

辰에서 卯를 보면 과거로 볼 수도 있고 현재로 볼 수도 있는 상태가 된다.

싹이 있는지 없는지 모르는 상태이다. 따라서 卯에는 현재와 과거가 공존해 있다고 볼 수 있다. 그러므로 卯 일진인 오늘은 과거, 현재, 미래가 같이 있는 선택과 갈등의 상황이다.

辰은 無物(무물)의 영역에 속하지만 오늘의 내(卯:根, 일진)가 발을 한 발짝 내딛은 것으로 가지 않았다 할 수도, 갔다 할 수도 없는 상태로 근심과 불안이 있는 상태이다.

반대되는 글자 즉 沖하는 글자 戌이 근심거리를 해소하는 인자가 된다.
목적을 위해 꽃(낙화)은 반드시 피어야 하고 싹(묘)도 반드시 나아가야 하는 과정이 필요하고 무조건 진행되어야 하는 과정이다.

巳는 열매를 맺기 위해서는 반드시 꽃이 피어야 하는데, 꽃이 피지 않은 상태이다. 巳는 무물 영역이라 없다는 것이므로 꽃이 없는 것은 꽃이 시들어 떨어진 상태를 말하여 이를 낙화라고 한다.
낙화의 반대되는 곳인 沖이 유물이며 꽃이 핀 상태를 말하여 암울한 경과를 해소하는 인자가 亥이다.

根이 씨를 뿌리는 것은 싹이 나서 꽃이 피고 결실을 맺기 위한 목적이라 午를 목적사라 한다.
午 목적사는 무물의 영역에 있어서 없는 것으로 이는 목적을 완성하지 못한 상태를 말한다.
午 목적사와 반대되는 곳인 沖(충)이 유물로 목적을 완성하는 인자가 되는데 子가 해결 인자가 된다.

未는 일진이 씨를 뿌리고 싹이 나서 꽃을 피워 열매 결실을 맺는 결과를 얻는 일진의 영향력(관리 영역)을 벗어난 영역이므로 이를 궤도 이탈이라 한다.
궤도 이탈은 영향력이 미치는 영역권 밖이라서 주위의 말을 듣지 않는다.

심하게 말하면 내놓은 자식, 떠난 사람, 떠나갈 사람, 군 복무, 출장, 가출인, 마음 떠난 사람 등에 해당된다.

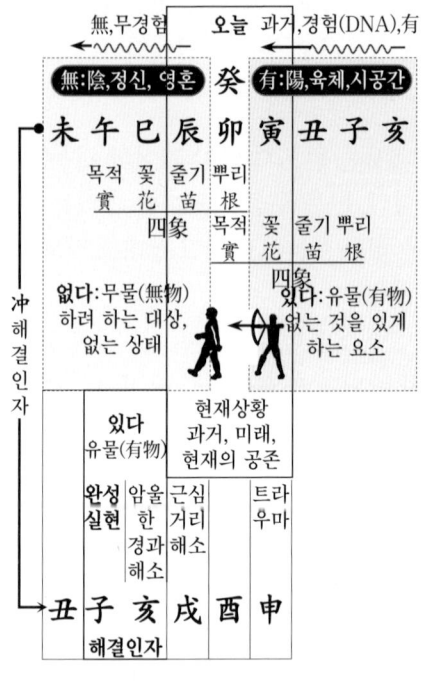

寅은 내 뒤에 숨어 있다. 개인의 특이한 경험으로 인한 그 개인의 심리적 이상 반응을 '트라우마'라 한다.

개인이 가진 특이한 경험에 의해 그 사람의 현재 마음 상태를 정상적이지 못하게 하는 요소를 말하며 일종의 트라우마와도 같다.

癸卯 일진에서는 寅이 트라우마로써 작용하고 때로는 배후에서 조정하는 사람으로 이를 암시살(暗矢殺)이라 하는데 뒤, 어두운 곳에 숨어서 활을 겨누고 있는 자객에 비유된다.

이 트라우마 즉, 암시살은 항상 나를 좌지우지하기 때문에 무서운 존재이고 내가 눈치를 보아야 하고 내가 제일 싫어하는 존재라 증오살(憎惡殺)이라고도 한다.

寅이라는 트라우마의 치유는 寅과 冲하는 申이 오면 치유가 되는 듯하지만 실제 경험에서는 트라우마는 너무 강해 치료가 불가능하다.
치유의 해결 인자는 낙화, 목적사와 冲하는 亥, 子로 치료가 가능하다.

卯 선택과 갈등의 치유는 冲하는 酉가 될 듯하지만 치유가 불가능하다. 이론적으로 치유가 된다고 할 뿐이고 실제로는 낙화, 목적사 巳, 午와 冲하는 亥, 子로써 치유가 가능하다.

辰은 싹이라 내가 이미 발을 내딛은 것으로 가야 할지 말아야 할지 골치 아픈 것으로 고민거리, 근심거리를 말하고 고민살이라 한다.
이를 해소하는 것은 冲하는 戌이 있을 때 근심거리, 고민거리가 해소된다.

辰은 때로는 애인에 해당한다. 애인이 고민거리가 될 때 응기(應氣)가 일어나는데 이를 음욕살이라 하기도 하고 해당 인자는 애인의 띠에 해당한다. 애인이 辰生일 경우가 50% 정도, 나머지는 辰 중 지장간 乙, 癸, 戊의 천간에 해당하는 띠이다(예:乙亥生, 癸卯生, 戊寅生 등).

未는 씨를 뿌리고 싹이 트고 꽃을 피우고 과실이 맺는 것이 정상인데, 과실이 떨어지는 것은 가치가 없어 내놓은 자식에 비유된다. 그래서 이를 궤도 이탈이라 명칭한다.

巳 낙화를 상문(喪門)이라고도 하는데 이는 시체 그 자체를 말하며 丑을 조객(弔客)이라 하는데 조문 온 내방객이 가져온 돈 봉투이다.

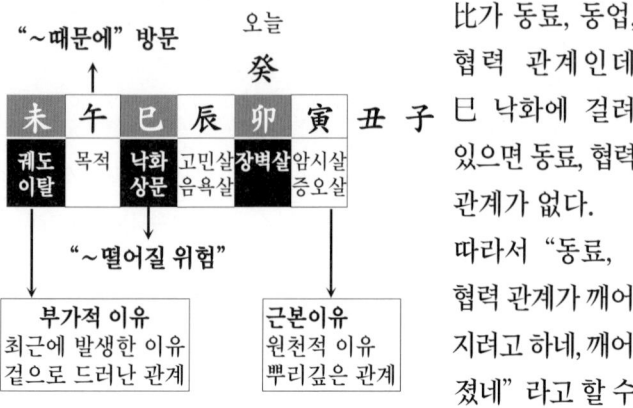

比가 동료, 동업, 협력 관계인데 巳 낙화에 걸려 있으면 동료, 협력 관계가 없다. 따라서 "동료, 협력 관계가 깨어지려고 하네, 깨어졌네"라고 할 수 있으며 午 목적에 比가 걸리면 "동료, 협력 관계를 구하려고 하네"라고 할 수 있다.

낙화 巳는 떨어질 위험으로 해결 인자의 年, 月, 日에 해결 가능하다. 해결 인자는 낙화와 沖하는 글자가 된다. 여기서는 沖하는 글자가 亥이므로 亥年, 亥月, 亥日이 될 때 근심 해소가 가능하다.

午에 比가 걸린다고 하면 목적은 '~때문에' 방문한 것으로 보니 午 때문에 방문한 것이다.

午의 육신이 比이므로 동료, 협력 관계 때문에 방문한 것이다. 따라서 "동료, 동업자를 구하려고 하네"라고 말할 수 있다.

그러면 "언제 구할 수 있을까요?" 하고 질문하면 해결 인자는 午와 沖하는 글자가 되므로 子가 된다.

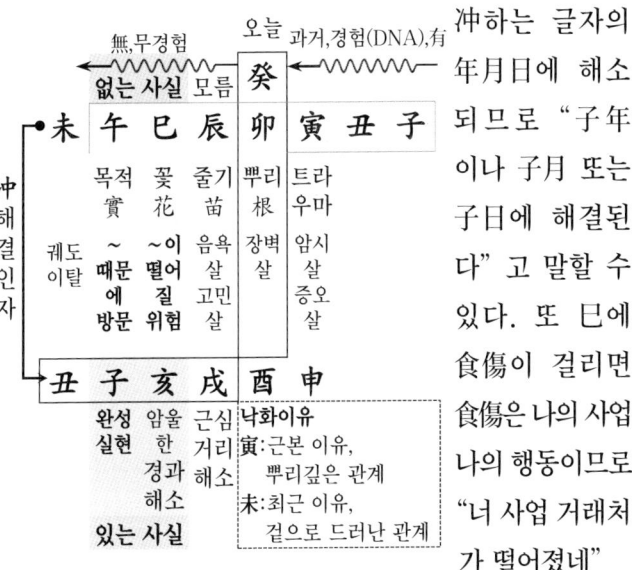

沖하는 글자의 年月日에 해소 되므로 "子年 이나 子月 또는 子日에 해결된 다"고 말할 수 있다. 또 巳에 食傷이 걸리면 食傷은 나의 사업, 나의 행동이므로 "너 사업 거래처 가 떨어졌네"

"실직했네, 실업자인가?" 여성분이면 食傷은 자식이 되므로 "애가 떨어졌네" 또는 "애가 떨어질 위험에 있네" "네. 병원에서 지금 위험하다고 합니다. 어떻게 해야 되나요?" "亥日 즉 亥日까지만 기다려 봐라, 亥日만 잘 견디면 애를 건강하게 낳을 수 있다." 여성분에게 午에 食傷이 걸리면 "애기 때문에 왔습니까?" "예. 애기가 생기지 않아 왔습 니다. 어떻게 될까요?" "그럼, 子月이나 子日에 합방하면 애기가 생길 것이다' 라고 상담해 주면 된다.

財가 巳 낙화에 걸리면 '재물이 떨어졌네'
財가 午 목적에 걸리면 '재물, 돈 때문에 왔네' 라고 할 수 있다.

그러면 현재 낙화가 된 이유는 무엇인가 하면 암시살(寅, 트라우마)과 궤도 이탈(未) 때문에 낙화가 된 것이다.

2가지 이유에 의해 낙화가 되었는데 암시살에 의한 영향이 더 강하게 작용한다. 암시살은 원천적인 이유로 근본 이유이고 뿌리 깊은 관계라 하면 궤도 이탈은 부가적 이유로 최근에 일어난 이야기이고 겉으로 드러난 이유이다. 실전에서 적용할 때는 이유가 되는 암시살과 궤도 이탈에 해당하는 육신 표출을 하지 말고 해당 띠가 개입되어 있다고 하는 것이 더 적중율이 높다.
재물이 떨어진 이유에는 범(寅)띠와 양(未)띠가 개입되어 있기 때문이다. 즉 증오살(寅) 띠와 궤도 이탈(未) 띠가 돈을 들고 달아났기 때문이다.
때로는 마누라가 증오살(寅) 띠인데 마누라가 돈을 풀지 않고 자식이 궤도 이탈(未) 띠인데 사고 쳐서 돈을 다 대어 주고 있기 때문에 돈이 없다고 할 수도 있다.

※사계단법의 그 외 활용법은 설진관 명리학 야학신결 (윤경선 외 3명 저. 창조명리)을 참조 바람.

추명가 157	乾命에서 어머니가 丈人어른 안부묻고, 坤命에서 親庭엄마 백년손님 안부묻네.
	건명에서 어머니가 장인어른 안부묻고, 곤명에서 친정엄마 백년손님 안부묻네.

해 설 건명의 인성이 어머니이나 장인어른의 육신도 인성이므로 인성으로 장인을 엿볼 수 있고, 곤명의 인성이 친정어머니이나, 백년손님(사위)의 육신도 인성이므로 인성으로 사위를 엿볼 수 있다.

육신 구조도 (남명 기준)

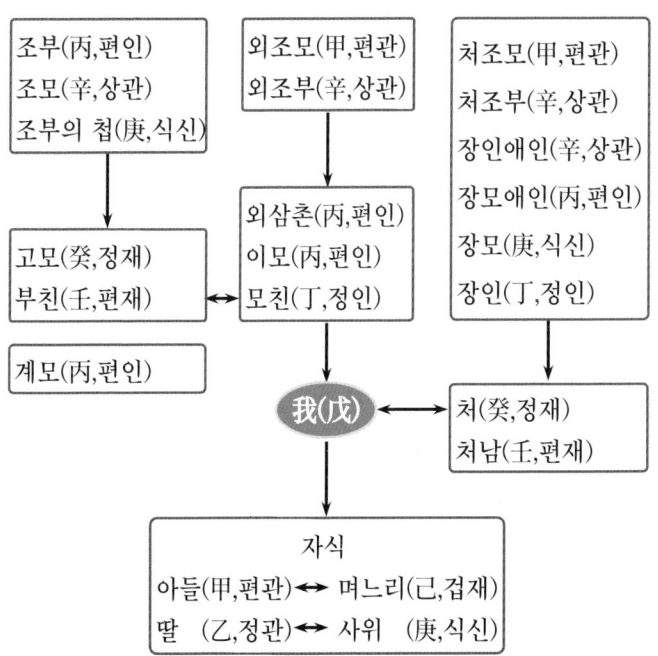

육신 구조도 (여명 기준)

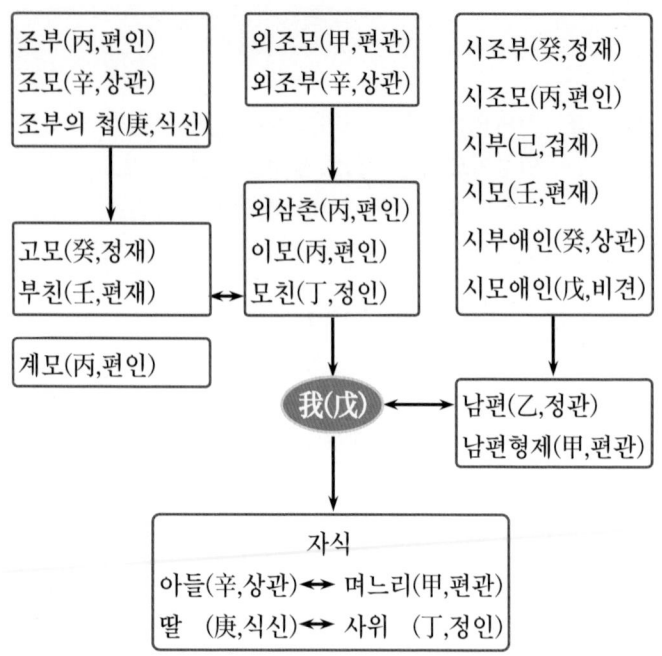

추명가 158	眞如秘訣 野學神訣 惡用말고 善用하여 弘益人間 하여보는 그대분명 眞人이라 진여비결 야학신결 악용말고 선용하여 홍익인간 하여보는 그대분명 진인이라.
해 설	眞如秘訣(진여비결)과 野學神訣(야학신결)을 배우고 익혀서 세상 사람들을 행복의 길로 인도하여 弘益人間(홍익인간)을 실천하니 그대는 분명히 하늘이 내린 眞人(진인)이 아니겠는가!

신수훈 선생님이 창안한 眞如秘訣(진여비결)은 眞如의 인연을 찾아 善緣과 惡緣을 분별할 수 있도록 하였고, 활용하기에 따라서는 天時 地利 人和의 모든 영역에서 운명을 創造할 수 있는 지혜를 제시하였다.

설진관 선생님의 통변 강의록이 수록된 野學神訣(야학신결)에는 역술 현장에서 인간의 명운을 자세히 추리하며, 그들에게 주어진 삶의 모습은 어떠한지 앞으로 어떻게 살아가야 하는지에 대한 삶의 지혜를 제시하고 있다.

누구든 眞如秘訣(진여비결)과 野學神訣(야학신결)을 숙달할 경우 세상 사람들이 모두 행복할 수 있는 길로 제시하는 혜안을 얻게 되니 하늘이 내린 眞人(진인)이 되는 것이다.

에필로그

추명가는 노래 가사처럼 쉽게 그리고 명료하게 전달력이 높은 반면 그 속에는 명리학의 오랜 원리와 통변의 묘미가 고스란히 녹아져 있습니다.

그동안 별생각 없이 그저 눈으로만 읽던, 추명가의 妙를 모른 채 지내오던 시절을 뒤로 하고 설진관 선생님의 현대적 재해석과 실전에 바로 쓸 수 있는 필살기를 여러 역학인들에게 선보인다고 생각하니 가벼웠던 느낌은 온데간데없어지고 옛 성현들의 주옥 같은 말씀이 다시금 깊게 와 닿습니다.

아마도 이 책을 읽으시는 분들 모두가 저처럼 추명의 진면목을 다시금 확인할 수 있을거라 생각합니다.
그러기에 내용이 무겁기만 해서도 안 되고 또 너무 가벼워서도 안 된다는 생각이 들면서 돌다리도 두드리며 건너는 마음처럼 하나하나 돌아보게 되는 날들이었습니다.

부족함이 많은 저를 이끌어 주신 설진관 선생님과 박상호 진관역학회 회장님, 하나의 보서(寶書)가 되어 출판되기까지 내 일처럼 도와주신 창조명리 김초희 사장님과 여러 선생님들의 노고와 감사함은 이루 말할 수 없습니다. 다시 한 번 감사의 마음을 전해 드립니다.

동화 파랑새에서 그렇게 헤매며 찾으려 했던 파랑새는 알고 보면 늘 우리 가까이에 있었듯이….

명리학의 비기(秘記)는 먼 데 있지 않습니다.
이 책에는 파랑새를 찾는 지름길이 분명 있다고 자부합니다.

읽고 또 읽으시어 나만의 파랑새를 찾게 되길 기원 드리며….

이지선

편저자 소개

박상호

1953년 부산 출생
의학박사
부산대학교병원 정형외과 외래교수
한양대학교 의과대학 외래교수
前 도원정형외과 원장
現 진관역학회[鎭觀易學會]회장

이지선

1974년 부산 출생
중국어 전공
동양오술 및 점성학 연구가
現 진관역학회[鎭觀易學會] 연구위원
연락처 010 - 2909 - 1111

■참고 문헌

- 진여명리강론1.2.3.4.5/ 신수훈
- 명리강론/ 신수훈
- 사주첩경 1.2.3.4.5.6/ 이석영
- 자강진결/ 이석영
- 삼명통회/ 만민영
- 명리정종 정해/ 심재열
- 연해자평 정해/ 심재열
- 명리요강/ 박재완
- 명리대전 정해/이해형
- 적천수 천미/ 임철초
- 궁통보감/ 최봉수 등
- 궁통보감/ 김기승
- 계의신결/ 최국봉
- 계의신결원본 4종/ 작자미상
- 심명철학1.2.3/ 최봉수
- 심명철학 上,中,下/ 최봉수
- 심명철학강의록1.2.3/ 최봉수
- 만리천명/ 변만리
- 육신활용대전/ 변만리
- 자평진전/ 김철완 등
- 설진관강의록(上,下)/ 설진관
- 설진관의 사주비결강의/ 김분재
- 팔주법 필사본 2종/ 작자미상
- 사주추명술밀의/ 장요문 등
- 명리진수전서/ 이정래
- 격국용신론전서(上,中,下)/ 엄윤문
- 사주실록/ 류래웅
- 홍연활요/ 류래웅
- 기문둔갑신수결/ 류래웅
- 기문둔갑비급법/ 제갈공명, 한중수
- 기문둔갑비경/ 오택진
- 명리학강론/ 박일우
- 방향을 바꾸면 운이 열린다/ 박일우
- 사계단법 관련자료 6종
- 천고비전 사주감정법비결집/ 신육천
- 사주자해 월령도 야학운명결
- 월령도/ 백동기
- 월령도/ 강태호
- 마야감정록 필사본
- 통변대학/ 변만리
- 자평진전 번역본(1991~1993년 월간역학 연재)
- 설진관 명리학 야학신결/ 윤경선 김초희 김재근 조소민
- 인연법 필사본 5종 및 그 외 필사본 자료 등 30종
- 사주 명리학과 인연법 진여비결해설/ 설진관

■서 평

이금성 (역학연구가) 설진관 추명가 해설서는 힘든 통변을 쉽게 풀어내는 길 안내자가 될 수 있는 책입니다.

배미유 (디케의 타로이야기 대표) 설진관 선생님의 추명가 해설서는 이해하기 쉽지 않은 부분들을 잘 풀어내어 주셨네요. 통변하는데 많은 도움이 되겠습니다.

정진호 (역학연구가) 추명가 해설서는 용신, 격국이 아닌 실전 통변을 원하시는 모든 이에게 비법 아닌 비법서가 될 것입니다.

정혜숙 (동양학 전공) 추명가 해설서를 통해 모든 이에게 편하게 다가설 수 있는 역학인이 되게 하는 통변 비결서입니다.

최성원 (동양학 전공) 누구나 쉽게 다가갈 수 있는 추명가 해설서입니다.

정요섭 (역학연구가) 솔모몬의 시편(詩篇)처럼 명리학을 밝히는 책입니다.

하영일 (회사원) 안개처럼 뿌옇게 보였던 추명가가 선명하게 한눈에 들어옵니다.

황 경 (역학연구가) 설진관 추명가 해설서는 사주, 명조의 초점을 한눈에 확연히 볼 수 있도록 하는 명리학의 진수가 녹아있는 명저입니다.

이상윤 (우성철학원장) 명리학 통변 비결이 망라되어 있는 역학 통변서로서 이론뿐만 아니라 실무에 적용할 수 있는 책입니다.

이태윤 (역학연구가) 새로운 방향과 관점에서 해석되는 주옥 같은 내용들로 가득 차 있습니다.

한국의 사주 명리학 이론의 총서!
현정 신수훈 선생님의 진여명리강론 시리즈 전 5권 안내!

진여명리강론 시리즈는 현정 신수훈 선생님이 한평생 연구한 사주 명리학 총서로 韓·中·日의 그 어떤 명리서보다도 우수한 실전 사주 명리학 이론 및 통변 총서이다. 모두 전 5권으로 구성되어 있다.

제1권: 기본 이론
사주 명리학 연구에 필요한 기본 이론부터 용신론의 왕법인 조후론에 이르기까지 상세한 설명과 역학자가 갖추어야 할 동양학 전반의 지식을 쌓도록 했다.

제2권: 간지론
천간지지에 감춰진 자연과 사물의 물상적 의미와 天干:天干, 天干:地支, 地支:地支 등 각 대응 비결인 물상론 정수를 숨김없이 공개하였다.

제3권: 격국용신과 진여비결
명리학의 중요한 격국 용신의 정수를 통변술로 연계하여 실전에 최대한 활용할 수 있도록 하며, 모든 명리학자들의 숙원인 진여비결의 형성과 응용법을 공개했다.

제4권: 격국 연구와 통변론
편저자가 40년 간 내방객을 상담하면서 받아 온 예상 질문과 그 해법 대부분을 명리학의 격국, 육신, 신살을 통한 통변비결을 숨김없이 공개했다.

제5권: 종합통변론
5권에는 1~4권 전체의 이론과 미쳐 수록되지 못한 통변 비결을 전부 공개하고 실전 통변 사례를 통해 학습하도록 한 사주 명리학 종합 통변술의 종결판이다.

각 권 50,000원
주문: 전국 인터넷 서점 및 부산 영광도서
   출판사 창조명리 053-767-8788

오로지 실전 통변으로 통하는 현장 술사들의 필독서!
설진관 명리학 야학신결(野學神訣)

'설진관 명리학 야학신결(野學神訣)'은 1990년대부터 부산의 명리학자들 사이에 고급 통변술 강의로 유명했던 설진관 선생님의 강의록이다. 그간에 여기저기 암암리에 거래되었던 설진관 선생님의 강의 육성 녹음 파일과 노트 등이 정리된 **명리학 통변 교과서**이다.

윤경선

- 1955년 경남 마산 출생
- 在野 동양 역학 및 인문학 연구가
- 현보 철학역학원 운영(부산)
  010 - 5555 - 6020
- 현장술사 역학연구회 정회원

김초희

- 1966년 대구 출생
- 동양학 전공
- 출판사 창조명리 대표(대구)
  (www.창조명리.co.kr)
  053 - 767 - 8788
- 진관역학회 정회원

김재근

- 1973년 경북 영양 출생
- 동양학 전공
- 김재근 철학역학원 운영(부산)
  010 - 8796 - 8916
- 현장술사 역학연구회 운영위원

조소민

- 1975년 부산 출생.
- 교육심리학 박사과정 수료
- 대운철학연구원 운영(부산)
  010 - 8020 - 4544

정가:38,000원 / 주문: 전국 인터넷 서점 및 부산 영광도서
출판사 창조명리 053-767-8788

**부산 설진관 선생님의 통변 강의 내용을 담은
현장 실무가를 위한 명리학 교과서!**

설진관 명리학 野學神訣(야학신결)!

단순히 '어떤 운에 좋고 나쁘다' 라고만 말하는 것은
더 이상 통변이라 할 수 없다.

내방객에게 '어떤 운에는 어떤 상황의 일이 전개된다' 라고
말할 수 있어야 한다.

이 책은 전국의 많은 명리학자, 강단의 교수, 역학원 강사
그리고
역학 동호인들이 기다려 온 통변을 위한 命理 지침서이다.

본서에 실려 있는 이론은 일반적으로 알려진 것과 다르게
해석 적용되어 수십 년을 연구한 학자들조차도 놀랄 만한
내용을 담고 있다.

여러분의 명리학 통변 실력은
野學神訣(야학신결)을 읽기 전과 읽은 후로 나누어 질 것이다.

사주명리학 대가들의 숨겨온 秘法
[인연법] '진여비결' 해설서 출간
편저자: 설진관 (在野 역학연구가, 법학석사)

인연법 眞如秘訣 解說

- 궁합, 연애, 사업, 부모 자식 등 인연 관계 해설집
- 진여비결은 명리학자들 사이에 배우자 인연법, 부부 인연법, 처자 인연법, 박도사 인연법 등 다양한 이름으로 단 7~20개 정도만 공개되어 있고 그마저도 고액에 거래되던 명리학자들이 가장 알고 싶어했던 비결이다. 그간 베일에 쌓여 있던 신수훈 선생님의 <u>진여비결 46개를 모두 공개하였다.</u>

| 辛 辛 辛 癸 (乾) 己 | ※辛未日에 癸未年이라 未가 두 자로 沖하는 己丑生이 처다. 財庫를 열어야 하기 때문이다. | 예시) 사주 명리학과 인연법 진여비결해설 278쪽 |
| 卯 未 酉 未　　丑 | | |

薛註 年支와 日支에 未土가 2개이니 沖하는 丑을 따라갑니다.
또 天干에 보면 辛金이 2개 이상이 있으니 丙火도 因緣이 될 수 있습니다.
가까이 있는 丙戌生도 가능합니다.

① 己丑生과 丙戌生을 비교해 보니
② 丙戌生은 戌未刑이 되니 곤란하지만
③ 己丑生은 丑未沖으로 財庫를 열어 주므로 상대적으로 이익이 크다고 볼 수 있습니다.

▶ 판매가 38,000원
▶ 구입 방법
☞ 1. 출판사 창조명리 ☎ 053-767-8788
☞ 2. 전국 인터넷 서점 혹은 부산 영광도서

사주 명리학 고수들이
숨겨온 인연법 秘訣

사주 명리학과 인연법
진여비결 해설

선천에서 타고난 나의 인연은 누구인가?

◆

진여비결은 타고난 인연을 추리하는 비결로,
우리나라 최고의 명리학자 현정 신수훈 선생님께서
한평생 연구한 명리학의 백미이며
이를 완전히 구사하는 이가 드문 고수의 비결이다.

◆

부산의 설진관 선생님이 진여비결 46개 공식
전체를 전수받아 이 한 권의 책에
핵심 이론을 자세히 풀어냈다.

◆

이 책 사주 명리학과 인연법 진여비결 해설은
세인들을 행복의 길로 안내하는 나침반이다.

설진관 추명가 해설

정가 25,000원

초 판 인 쇄 : 2019. 10. 25.	발　　　행 : 2019. 10. 30.
편 저 자 : 박상호, 이지선	발 행 인 : 김초희
표지디자인 : 김분재	편집디자인 : 윤경선
총　　　괄 : 김예슬, 김재근	교　　　정 : 문태식, 신성윤

펴 낸 곳 : 창조명리
주　　　소 : 대구 남구 명덕로 64길 20, 금융프라임빌 801호
출판신고번호 : 제2016-000010호
전　　　화 : 053- 767-8788
팩　　　스 : 053-471-8788
홈 페 이 지 : www.cjmyeonglee.co.kr
　　　　　　changjomyeonglee.itrocks.kr
이 메 일 : tiger9100@hanmail.net
ISBN 979-11-958831-8-9(03180)
CIP 2019042495

명리학[命理學]

- 이 책의 무단 전제 또는 복제 행위는 저작권법 제 98조에 의거 5년 이하의 징역 또는 5,000만 원 이하의 벌금에 처하거나 이를 병과할 수 있습니다.
- 잘못된 책은 바꿔 드립니다.
- 본서는 한양해서, 서울남산체, 서울한강체, 나눔바른고딕, 나눔명조, 한컴바탕, 범정체, 조선중간명조체 등 프로그램으로 제작되었습니다.